제3문집 — 시 · 수필

이 덕 상

오늘의문학사

국립중앙도서관 출판시도서목록(CIP)

꿈 / 지은이: 이덕상. -- 대전 : 오늘의문학사, 2017
　　p. ;　cm

표제관련정보: 제3문집 - 시·수필
ISBN 978-89-5669-796-3 03810 : ₩12000

개인 문집[個人文集]
한국 현대 문학[韓國現代文學]

810.81-KDC6
895.708-DDC23　　　　CIP2017000600

꿈

이덕상

시인의 말

저의 자그마한 상차림입니다

찬찬히 드시다보면 향미香味 있어

그런대로 시장기는 가실 겁니다

2017년 丁酉 元朝
月泉鄕 葛山 寬山
전주 이씨 덕상

차 례

시인의 말 ··· 4

시

一 The days that are no more

노스탤지어 ··· 10
고향스케치 1 — 산야초 ································· 14
고향스케치 2 — 등잔불 ································· 16
고향스케치 3 — 향수 ···································· 18
고향스케치 4 — 모나미에게 ·························· 21
고향스케치 5 — 효 ······································· 23
고향스케치 6 — 더 라스트 인비테이션 ············ 24
고향스케치 7 — 봉거의 여름밤 ······················ 26
고향스케치 8 — 뻐꾸기 우는 산골 ·················· 28
고향스케치 9 — 머슴 ···································· 30
고향스케치 10 — 생일 ·································· 32
고향스케치 11 — 봉거의 추억 ······················· 34
고향스케치 12 — 타작날 ······························· 36
고향스케치 13 — 용산고개 ··························· 38
고향스케치 14 — 부모 묘소에서 ··················· 41
고향스케치 15 — 자주감자 ··························· 43
고향스케치 16 — 옛집의 추억 ······················· 45
고향스케치 17 — 아버지 ······························· 47
고향스케치 18 — 어머니 ······························· 49
고향스케치 19 — 마중 ·································· 51
고향스케치 20 — 영원한 사랑 ······················· 53
고향스케치 21 — 편지 ·································· 56

차례 5

二 바람에 흩어진 편지
봄 …………………………………………… 60
진달래 ……………………………………… 62
소쩍새 ……………………………………… 64
시인의 공원 ………………………………… 65
시월의 공원 ………………………………… 66

三 그리움에 기대어
더 라스트 트레인 …………………………… 70
한여름밤의 소묘 …………………………… 72
거미줄 ……………………………………… 74
낚시터 풍경 ………………………………… 76

四 세월의 열차간에서
각설이 ……………………………………… 80
카사노비스트 ……………………………… 83
한강 유람선 ………………………………… 86
회리곡 ……………………………………… 88
축시 ………………………………………… 91

五 가슴밭에 피던 꽃
꿈 …………………………………………… 96
회억 ………………………………………… 98
나 …………………………………………… 99
일상 ………………………………………… 101
자화상 ……………………………………… 103

六 영원한 사랑
Song yearning for father(사부곡) ·················· 106
Song longing for mother(사모곡) ·················· 108
Red sunset(저녁노을) ································ 110

테라스에 앉아
어머님 전 상서 ······································ 114
옛터에서 ··· 118
상춘산행 ··· 124
고독 ··· 128
「N가수 그리고 소록도의 봄」공연을 보고 ·········· 131
장애우 야유회 ······································ 135
미스코리아 ··· 140
윔블던 테니스와 힝기스 ························· 145

상념의 뜨락
나의 시론 ·· 150
우리 사회의 부정의한 모습 ····················· 153
서울 스모그는 치유되어야 한다 ··············· 158
모그룹사건 청문회를 보며 ······················ 161
새날에 바란다 ····································· 165
뇌물 ·· 169
미국대통령의 의자 ······························· 173
지금 행복하십니까 ······························ 176

행사에서
축사 ·· 180
환영사 ·· 182
권두언 1 ······································ 184
권두언 2 ······································ 186
주례사 ·· 188

서찰
뵈웁고 싶은 L형님 ························ 192

시

一 The days that are no more

노스탤지어
고향스케치 1 – 산야초
고향스케치 2 – 등잔불
고향스케치 3 – 향수
고향스케치 4 – 모나미에게
고향스케치 5 – 효
고향스케치 6 – 더 라스트 인비테이션
고향스케치 7 – 봉거의 여름밤
고향스케치 8 – 뻐꾸기 우는 산골
고향스케치 9 – 머슴
고향스케치 10 – 생일
고향스케치 11 – 봉거의 추억
고향스케치 12 – 타작날
고향스케치 13 – 용산고개
고향스케치 14 – 부모 묘소에서
고향스케치 15 – 자주감자
고향스케치 16 – 옛집의 추억
고향스케치 17 – 아버지
고향스케치 18 – 어머니
고향스케치 19 – 마중
고향스케치 20 – 영원한 사랑
고향스케치 21 – 편지

노스탤지어

부헝이 울어 옌 서낭마루 돌아서면
단풍 병풍 나의 집도 불타고 있었다

마당 가 낙송밭 새 잎새 싱그러우면
영락없이 꾀꼴새 곡조曲調 청초하였다

보리밭 우우로 산꿩 울음 물결 일던 날
아욱물로 피를 채우던 어른이는 얼울 얼울

장독대 함박눈 조요로이 앉는 밤
아즈까리 종짓불 도란도란 그림자

쇠죽 내음 자욱히 초라한 외양간
고달븐 일소의 흰 거품 토하는 소리

삼대비에 도롱이 두룬 먹주름 아버니
칠남매 등에 진 어깨 보랏빛 피멍
이슷토록 장간죽 터시는 쇠기침소리

도회에 유학 간 아덜 간절히 반기며
목구초딧질 인절미 써시던 풀풀손

일곱별님 비나이다 자식 굴기崛起 비나이다
간원하던 구리얼굴 나의 엄니

치마폭에 산노을 한아름 끌안고
갈라 핀 입술로 호멩이 떨구시던 엄니

비단옷에 노리개라 꽃다이 살고지고
보들언 손 그리시던 수심꽃 엄니 엄니시여

이제사 모다 희미론 전설인저 까마아득타

날뛰는 바람에 고의적삼 찢기울망정
연리지連理枝로 한뉘 살다 가신 임들

아—
승황乘黃을 타고 천년을 사시리 사시리

우레처럼 만나 번개처럼 헤어지던
땅 꺼지고 산 갈라진 사모친 애별哀別

어이어이 젖은 목소리로 보내드렸다

부상扶桑에 해 뜨고 약목若木에 해 지건만
은하강 건너신 임들 뵈올 길 머ㄹ다

예리성曳履聲 귀 기우려 등불 켜던 고향
추녀 끝에서 나의 영혼은 흐느끼고 있었다

젖은 쑥을 태우듯 뒤엉킨 그리움에
머리맡 달을 보고 베개 적시던 밤들

세월길 심곡心曲에 차운 바람 일어
월오*月午에 뒤척이던 날 지워야하나

애달픈 유년 부숴진 앙가슴 되누르며
행운이 나를 버린 종심*從心 나이

만남 뒤에 기다리던 매몰찬 작별이
세모시비처럼 창가를 찾는 날
우주에 두고온 아주 작은 그림자 지고
살온 잠기장 말아줘고 훗승 가는 날 오면

생각사 서어로이 목줄금 적시는데
숨겨둔 산골 옛이약 잊어야하나

꿈결인가 나의 날은 가도 미련 아직 남아
나는 풍월주인風月主人임네 노를 젓는다

폴라리스 유별히 반짝이던 어느날 밤
하이얀 옷 어머니 생시인양 오셨기에
무릎에 고이 뉘여 부둥켜 호곡號哭하다

*월오 : 달이 중천에 뜬 한밤중
*종심 : 칠십세

고향 스케치 1 – 산야초

언제부터인지
바람이 분다

들메 그네들 살림집
울안에 치마폭에
영마루 불노을 바람살결이 난다

까실쑥부쟁이 버드생이나물 쥐꼬리망초 좀꿩의다리 고들빼기
가라지풀 짚신나물 오리방풀 애기똥풀 꽃다지 시계풀 참억새
쇠무릇 산나리 명아주 산국 들쑥

가녀린 그네들 어깨 우로
달빛이 별빛이 지고 핀다

때로 풍뎅이 쓰르래미소리 우날고
작은 개미 벌 나비와 들낙이며
소곤소곤 산다

구슬옷 걸치고
작은 영혼을 짓고 사는
애처론 생명꽃

껴안고 사랑하고
손 저으며 이별한다

메조밭 매던 무덥던 날
어머이 내손에 그네는
가는 숨 내주며 스러졌다

황혼밭에 서서
그네들이
잡풀이 아닌 우주임을 깨달았다

어머이 가슴에 고인
강물 같은 설운 날의 눈물을
점점 점꽃 못다 이은
그네들의 숨소리를
보이얀 손수건으로 닦아주고 싶다

고향 스케치 2 – 등잔불

망주석이 둥그레 내려보는
납작두메
해 저물어
땅거미 웅크린 비인 초가집

어머이가
일수건 벗어 봉당에 떨구고
넘어질 듯 헛디뎌
소두방 더듬으면

고향집 호롱불은
부엌부터 켜진다

애밤별 따라
하나 둘 피어나는
인가의 등불
가난을 토해낸다

등잔불은 조을조을
함박눈 표표이 날리는 이슥밤
살쾡이는 씨암탉 모가지를 물고 갔다

내 어린 어-느날
어머이의 호랑이와 효자 이야기에
등잔불과 나는
꺼멍이불 속에
얼굴을 파묻었다

그때 그 고달픈 조이등불은
이슬이 되어
내 흐미론 추념의 뜨락에
애련히 괸다

고향 스케치 3 – 향수

저편 남한강
굽돌아 나울치고
차령준맥 용틀임하는
낮은 끝자락
스무남은 집들이
옹달종달 살았다

유학 간 형들
그래서
광장농이던 우리집
남은 식구 상머리는
별 수 없이 가난했다

돌아서면 설움뿐입니다.

들국화 청초히 웃는데
화안花顔을 잊은 나무비녀 엄니
소금옷 아버니

불수레 등에 메고 한 여름 나면
몇 해씩 늙어 갔다

돌아서면 슬픔뿐입니다.

새지붕 시월 상달떡
나누는 인정들
추석날이면
햇송편에 취해
꽹과리 풍물패 마을 돌며
한바탕 왁자히 터를 눌렀다

돌아서면 눈물뿐입니다

저녁 연기 나지 않는
허기진 굴뚝
싸리울 참새가 연신
가루눈을 쪼고 있다

돌아서면 한숨뿐입니다

엄니가 빚으신 시루떡

햇감자 캐던 설레임 남아
못 잊어 허기적 고향 찾으면

동구 아해들 낯선 눈
아라사俄羅斯의 이방인 본듯
누구냐고 묻겠지

돌아서면 그리움뿐입니다

강호江湖의 나그네는
향그런 회억을 정성스레 안고
언제든 가리다
고향 하늘에 가리다

고향 스케치 4 – 모나미에게

허서구픈 탄지*彈指 세월동안
항하사*恒河沙로 사람을 만났다

빗장질한 이 자닝스런 녀석
고연시리 고스랑거리는 햇살 즐기는
일구더기에 묻힌 하늘한 돌림계집같은
오질토록 인동초같은 높거신 자랑찬
그런저런 이들

유년의 풀씨도 없더라

나의 동무여 넌
찰두메 농투산이 땔남ㄱ꾼으로
세상 가난여울목 다 건너면서도
고오이 원시에 순종했느니

수얼히 그 파도 재우고
하늘빛향수로 옛날 날리며

유랑한 목소리로 살비워 섰노니

너는 아직도 수지운 산천어
수수꽃다리도곤 향그러히 사누나

내 친구야
산포도 지니 그리움도 따라 진다

하늘벌판에 꽃노을 가득
살어둠 싸이면
검둥산 머리에 눈달이 뜨고
거지별이 반짝이더라

밤새내
네 얼굴 고인
고향하늘에 서성이다

＊탄지 : 손가락의 물방울 튕기는 순간처럼 아주 짧은 시간
＊항하사 : 갠지즈 강의 모래처럼 무한히 많음

고향 스케치 5 – 효

바자울인들 어떠리
제 부모 문전옥답 지키던
고라리 덕보와 수복인
앞산이 되고
뒷산이 되어

명리 좇아 도남*圖南 하려
후여후여 떠났던 녀석들
죄다 불러다

그 산뜰마루 우나는
설운 새가 되게 하여

해年 내내 밤낮도 없이
우슬피 우닐게 하였다

*도남 : 큰 사업을 계획하는 것(장자에 나오는 말)

고향 스케치 6 – 더 라스트 인비테이션

감자꽃이 하이얀
산너메 찔레순 그늘 꿈하늘 보다

먹뻐꾹새 울음에 잠들고
곳고리 넘노니러 놀라 울었다

산개미 쏘는 밭머리
벌거둥이는 바알갛게 익어
흙갈퀴손 삼베적삼 품에서
쥐어짜듯 소금젖을 빨다 울었다

뒷뜨락 칡넌출 마당을 이루고
누룩뱀 흙담에 기는 성근 마을
모올래 애저녁달 동산에 핀다

맨드래미 산나초 두견꽃 국수당고개 지슴길 망주석
돌절구 인절미 귀밝이술 다듬이소리 가난테미
아부지 불호령 고래실논 초승달낫 청과수집 놋요강
깨각시 당홍댕기

누렁년 찾는 영각 애절브고
홋동저고리
불금노을에 설레었다

소망 밭에 물주던 엄니 아부지
서방정토로 가시고

이제사 이제사
남은 것은 눈물길

이집저집
기룹던 벗네 하나 둘 지고
고달피 나날살이 골돌아
호올로 나무등걸로 남았다

벗 얼굴 보고서야
내 늙음 알아
이제는 아해가 전달할
내 라스트 데스 인비테이션

염마장에 적힌 내 작은 삶
알 수는 없을까

고향 스케치 7 – 봉거蓬居의 여름밤

산노을 이울어 초녁별 피면

말라 핀 입시울 아버지 따라
황소가 누런 거품을 흘리며
초라한 외양간에 들고

어머니는 바자문에
호맹이를 떨구었드란다

쇠죽 쑤는 내음 추녀 밑에 그득 고이고
방비芳菲 향그런 앞마당 멍석에서
아버지는 알 실한 강냉이와
모깃불 내음과 시름을 한 입 물었드란다

이따금 개 짖는 소리 머-ㄴ 멧골의 밤
은월銀月이 박꽃 위에 앉으면
보석별을 헤던 아해는
어머니 땀치마에 얼굴을 묻었드란다

살쾡이가 닭 모가지를 물고 간 중소中宵
설운 날들의 밤은 그래도 고단했드란다

전가田家를 두고 삼여상*參與商이 된
마지막 손을 잡아보던 흐미론 얼굴들

추미*秋眉를 찌푸리고 그 아해는
가슴에 흐르는 붉은 강물을 쥐어짰드란다

*삼여상參與商 : 삼성參星, 상성商星, 하나는 동쪽에 있고 하나는 서쪽에 있으며, 하나는
　　　　　　　황혼에 하나는 새벽에 떠서 동시에 볼수 없다. ― 서로 보지 못함
*추미 : 흰 눈썹

고향 스케치 8 – 뻐꾸기 우는 산골

달구지가 고달피 한낮을 끌고
오일장 가는 흰옷들이 눈부신 두메

뻐꾸기 녀석은 의심이 많아
이 산 저 산 뫼꼭두마다 돌날다가
노루눈으로 앉은뱅이마을을 내려다 보곤
청량淸亮한 꿀성대로 멋쩍게 운다

날갯죽지에 보리고개를 지고서
때론 애시러운 목청으로
심심산골의 가난을 데운다

빨가장이 타는 노을바다에 취해
바알갛게 울어대면
도랑 건너 순이도 수지웠어라

하늘과 바람에 고개 숙이고
생명의 꽃 틔우는 구릿빛들

그리고 법국새는
내 시원始原의 고향

그 애조로운 소곡小曲은 꿈이었어라

고향 스케치 9 – 머슴

고르로운 눈썹달이
펄럭이는 어스름 몰아내는데

방짜가슴 사내가 우물 바가지를 들고
풀물 든 하루를 털고 있다

일쯔거니 새경 닷 가마에 팔려
땀옷 입고 누렁쇠로 살온 삼여년

억만 바다 억만 물결 하늘도 돌앉아
이밥 밥술 놓거신 뜨락 팔자춘산八字春山 고흔
풋색시 좀벼슬은
눈물살이 그에겐 몽달귀신의 꿈오라기었다

논빼미 밭두렁 물꼬 피사리 멍석손 식은 방고래 새끼꼬기
눈물고개 푸섶을
밭갈쇠 뻐국새와 이고 지고
고시란이 이지러진 청춘을 실어 보냈다

일구더기 인생마차 끌다가
태종우* 퍼붓던 날 이승과 악수하고 간
우리집 머슴꾼 내 동창생 박군

피주름 이랑진 슬픈 웃음이
산바위처럼 나를 누르며 그리움으로 남긴다

샤키아무니* 보듬어
불국정토佛國淨土 맑은 물로
아우성 치며 고단했던 날들을 씻고 있으리

＊태종우 : 임종날 오는 비
＊샤키아무니 : 석가모니

고향스케치 10 – 생일

그곳에는
그 뉘도 시름도 없었드란다

배곯음 몰아내던
어머이의 뜨거운 심장 소리
고달븐 숨소리 뿐

어머이의 성스런 우주!

엄지벌레 소리 여름을 바수던 날
논빼미에 뜸부기 설리 우는 두메

추녀가 이마에 닿는
납작집에서

어머이의 내 우주를 떠나며
천재*千載를 살고파
찢어지게 울부짖었드란다

어머이의 지독지애*舐犢之愛로
세파世波 걷어냈드란다

사일死日을 향해 눈물길 오르며
주룩비 내리는 강이랑
기럭이 가슴길엔
애기별 피고 그리움만 고인다

마지막 잡아보던
관 속 어머이 혈血 식은 손

지고 피고 피고 지고
윤회輪廻의 나루

＊천재 : 천년
＊지독지애 : 어미소가 새끼 핥아주는 그런 사랑

고향스케치 11 − 봉거蓬居의 추억

오백리 차령준맥
양달녘 자락

갈뫼마을 삼간 초가
엉키엉키 칠남매는 꽃이었드란다

송화松花 날고
풀꾹이 목청 돋우면
고달피 봄을 끄는 촌맹村氓들

추녀밑 종이등불 조을조을
옥수구 물고 기라성 헤던 밤
행랑채 부엉이 울고 갔드란다

고요가 내려앉는 땅거미 무렵
굴뚝새는 들날며 연방 끼룩이었다

햇감자로 허기 채우시던 아버니

여름지이에 지쳐
초담배 물고 시름 터셨드란다

연광*年光 강물이 되어
가시넝쿨 헤치던 양주*兩主
노을강 건너시고

가고자운 옛터엔
망초 점점꽃이 한창이겠지

인가隣家의 도의성*擣衣聲 아즐턴 고향
요연杳然히 월악산 우으로
지금쯤 천경*天鏡 기어 오르겠지

흙을 물고 자란 눈동자
 그리움이 고사古寺 처럼 가슴을 누른다

＊연광 : 세월
＊양주 : 부모
＊도의성 : 다듬이 소리
＊천경 : 달(하늘의 거울)

고향스케치 12 – 타작날

이슬옷 뒤움박 조당수
고래실논 노타리 치고 물꼬 보고

일구더기에 하얗게 질린 양친은
차라리 천리마였드란다

질경이 도곤 질긴 목숨꽃
녹물처럼 아버니 그을고
엄니는 화안花顔을 내버렸드란다

고요로운 마을 문 두드리는 단풍
산국 들국 청초한데

목화처럼 된서리 내린 용구새 위로
노적가리 치받자
신농씨神農氏가 미소지었드란다

마당질날 새벽이면

엄니는 으레
돌절구 쌀떡국으로
타작꾼 흥을 돋구었드란다

초밤별 필 때까지
탈곡 소리 가을을 털고
벼 테미는 장정 키를 넘었드란다

아 그날은
혼전만전
팽룡포봉*烹龍炮鳳의 찬옥饌玉인양
처음으로 배를 두드렸드란다

아버니는
굴뚝에 연기 나지 않던 날
눈물살이 노대바람 날들을
까아맣게 잊었드란다

그리워라
그리워라

＊팽룡포봉 : 용을 삶고 봉황을 굽는 듯 진귀하고 푸짐한 음식

고향스케치 13 – 용산고개

팔고칠난八苦七難 씻으려
박수무당이 붉은 치마 날리며
당산제 지내던 고개

서낭 허리엔 왼새끼줄
오색 창호지가 나붓대고
소원돌무더기엔
실타래 두른 북어가
휘둥그래 눈을 뜨고
백설기 조각 희끗희끗

서낭 옆 초막
뒷집 언년씨가
가양막걸리 거르면
오일장날 흰옷들은
불콰하게 문뱃내를 뿜어대며
휘여휘여 고개를 넘었드란다

아버지가 낭기마 타고
물 건너 새악씨 맞던 고개

고개 너머엔
시골내기 두메각시로
눈물옷 입고 살망정
오사바사 옹달종달
홍건나히 살았드란다

산노을 도톨나무동산 착한 마을은
일제히 불길을 토했드란다

얼음바람으로 머리 빗고
삼대비로 목욕하며
눈물겨이 가난살이 바수던 호시*怙恃 내외
뒤에 두고 돌아선 날

흘끗흘끗 고향집 다시 보며
불서러워 눈물비 훔쳤지

푸른 하늘 마시던 유년의 꿈
가련히 접던 날

고갯마루 푸섶길
돌부리 차며 넘었지

지금쯤 그 재 너머엔
피주름 이랑진 야로*野老 들만이
풀매미 부흥이 굴뚝새 고추잠자리 개똥벌레
맨드래미 청보리 들메꽃 일구더기와
북신*北辰 비치는
고향을 지키겠지

*호시怙恃 : 부모(시경에 나오는 말)
*야로野老 : 촌로村老
*북신北辰 : 북극성

고향스케치 14 – 부모 묘소에서

큰아들 손 떨구고
마지막 뜬 눈 감던 님들
예 계시다

무명치마폭에 칠남매 안고
땀방울 매던 엄니
가슴길에 가시넝쿨 안고
이랴낄낄 불가난
쟁기질하던 아버니

융숫바람 장대비
애환哀歡 엉켜 피던 그날들

삽짝거리 매미껍질 어머이
사랑방 잠 못드신 아부지
어른인다

예처럼

두메닭 울고 산까치 한가론데
은하강 흐르는 전리田里의 밤

머-ㄹ리 천등산에 윤월*輪月 되 뜨면
님들 흙가슴에 안기고 싶다

그리워라 그리워
새 양말 사주시던 추석 단대목
전설인양 아즐타

님들 묘소 자락
연보라 칡꽃이 무심히 한창이다

* 윤월 : 수레바퀴처럼 둥근 보름달

고향스케치 15 – 자주감자

쓰르래미 들꿩이 싱겁게 우는
산마루 너머 감자밭
옥구슬 턴 자주꽃바다
풋색시인양 청초롭다

이름을 들뫼에 묻은 엄니에겐
감자 한 포기도
피땀으로 물 주던 자식이었다

새끼친 감자 실한
그런 보리누름엔
무명새는 유난히 설리 울었다

추녀 밑에 불노을 가득 머물던 날
노냥 나는 봉당에서
초승달이 된 놋숟갈로
눈 자국 깊은 햇감자를 깎았다

산그리매 마당에 지는 해어름
집에 드는 님들과 황소는
언제고 하얗게 질려있었다

그러기 나는 전가田家의 밤
오지화로 감자 익는데
적삼에 보릿고개 지고
광영光榮의 날 찾아 헤매던
고혼 님들
보고지워 보고지워

흰머리 엉클어진 빛 바랜 몰골로
오늘도 나는
애곡哀曲의 새납 불며
풍각쟁이로 떠돕니다

고향스케치 16 – 옛집의 추억

오백리 차령산맥 줄기 내린 터
산주름이 탁트인 꿈의 안팍채

단군기원 사이팔일년 무자년 봄날
열한 살 소년가장 아버지 삼십년 지나
나의 돌 해에 상량上樑한 대궐

안마당 바깥마당
호르르 호르르 아리새 드날고
쑥쑥새 꾀꼬리 노래
대청마루에 가득 흘렀다

오두막살이 지우던 그날
님들은 핏줄들 부능켜안고
더운 눈물 삼키셨으리

재건의 햇불 피워
아드막한 광영光榮을 찾아

개밥별 뜰 때까지
땀손으로 삽질하셨다

이제는 모두 다 떠나
꽃궁전 형상 지고
그 터엔 예처럼
밤하늘 미리내강 아즐히 흐르고
접동새 가끔은 울고 가겠지

아, 즈믄해 갔는가
소금길 헤치던 님들
극락정토 아미타불 만나
고달븐 숨소리 거두셨으리

매화 바람 일고 모작별 지는 날엔
그 마당가 맨드래미 고혼 님들 생각사록
기러기울음으로 세월을 간다

고향스케치 17 – 아버지

장형 장손 참척*慘慽 보고
스물에 양친 구몰俱歿
이렇게 시작된 설운 길살이

까치봄 군둥내 묵은지
마른 입술 봄갈이 아버지

작달비 치는 밤 도롱이 쓰고
부엉이잠 물꼬 지키던 여름날

지게소쿠리에 보리누름 지고
되바람 첩첩산중
헤매던 그날들

중의적삼 허들허들
건조실 지키던 멍석잠 아버니

이렇게 한해에 몇해씩 늙으셨다

걱정꽃 먹장가슴으로

뜨약볕 굴레길 걷던 아버지

생세지락生世之樂 잊고
일곱 남매에게
사지오체四肢五體
베어주신 아버지

천공天公이시여
저희 아버지 이승의 만리수*萬里愁
씻어주시고
상생常生케 하소서

그님의 은산덕해恩山德海
안갚음 못한 죄업
뜬세월 저문 나이에사
서어로움으로 다가온다

아버지 흘리신 눈물
오늘도 붉은 강물 되어
흘러갑니다

*참척 : 자손이 먼저 죽음
*만리수 : 끝없는 근심

고향스케치 18 - 어머니

큰물 건너 열넷에
시집온 어머니

삼간 오막집
갈걷이 스슥 세단뿐

아욱죽 삼순구식*三旬九食
피감자 저녁술
거미풍년 불서러이 보낸 날들

홍게닭 홧소리 지고난 먹새벽
안개눈물 맞으며
불볕 조밭에 사시던 님

곱다운 백옥손 갈퀴손 되고
생살의 껍질을 뜯어낸 나날

그러나 나의 선자先慈는

애이불비哀而不悲 궁행하며
꽃다히 세월하셨다

아즈까리 종짓불 조으는 밤
이슥토록 옛애기 들려주던 엄니는
그물얼굴로 근심산을 안고
자손의 영화를 꿈꾸셨다

허방지방 지난 날들
아, 나의 엄니는 홀로이
얼마나 강울음 우셨을까

천주天主여
이승에서 노냥
천국 가서 꽃밭에 물주며 살고프다던 님
고이고이 거두어주소서

나 마지막 고향 가는 날
어머니 땀가슴에 얼굴 묻으리

*삼순구식 : 삼십일 동안 아홉 끼니 먹는다는 몹시 가난함의 뜻

고향스케치 19 – 마중

쇳물 녹인 두메 그믐밤
이슷토록 머언 다듬이소리

외딴집 추녀 부헝이 울고
유성 질 때마다
여우는 골짜구니 찢었다

아버니 진지 아랫목에 묻은
엄니 성화에 아버지 마중길

겁보 앞세운 누나는 호얏불 싸안고
난 금하金河강 별빛 밟으며
살쾡이 지나간 지슴길 갔다

호래이 모래 뿌린다는 산신당고개
으스스 오금 저린 서낭 마루

아버지는 지금쯤

오일장 장또뱅이 떠난
우전牛廛거리 비인 뒷골목

람포불 조으는 술막집 목로에서
여름지이에 지친 몸
달래고 계실까

이따금 헛기침소리 다가오면
차렵두루마기 중절모
허위허위 수심 찬 아버지

앞에는 키 큰 아버니
뒤엔 작은 누나

석수어石首魚 한 손 받아 흔들며
돌아오는 길은
천치天痴처럼 행복했다

가슴에 박힌
회억의 설운 파편이어라

고향스케치 20 – 영원한 사랑

삼간 토담집 등잔 밑에서
나비잠 자며 나는 자랐다

님들은
칠남매 파천황*破天荒 꿈꾸며

불뜨건 해 새벽을 털면
호미로 땀방울 심고
도화수*桃花水 건너
시름을 쟁기질하셨다

조도*鳥道 험한 산길
왕복 삼십리 나뭇꾼 아버니

홰눙 바람 노닥비
토막잠 버리밥
님들 발자국 소리에
커가던 드을 곡식

님들은 이 모두 사랑하셨다

한혈마汗血馬 되어
쏟으신 사랑
불꽃처럼 타오르던 퍼레버 필로스*

팽조*彭祖처럼 사지 못하고
천로天路따라 가신 님들

이승에서 만나 이어진 작별
지붕산최*地崩山摧의 비통을 안고
즈믄 밤을 헤매이던 사랑

레테강* 건너 뵈옵는 그날
님들 얼굴 부비며 품에 안기리

님들 사랑의 화신이여

상적광토*常寂光土에서
천옹*天翁 만나 영생하시리

가 없는 님들 사랑
청솔 가지 타듯 엉겨옵니다

＊파천황 : 시골에서 인재 나옴
＊도화수 : 초봄 녹는 시내
＊조   도 : 새나 다닐 수 있는 험한 산길
＊퍼레버 필로스 forever philos : 영원한 사랑
＊팽   조 : 7, 8백년 살았다는 전설의 사람
＊지붕산최 : 땅이 꺼지고 산이 쪼개진다는 뜻
＊레테 lethe 강 : 사람이 죽어서 천상으로 건너가는 망각의 강
＊상적광토 : 불변광명세계
＊천   옹 : 하느님, 천공 天公

고향스케치 21 – 편지

엄니는
박꽃이 흰 사랑채 용마루
까치가 우는 날엔
어김없이
우체부가 오드란다

저녁노을에 잠긴 고향집
부모님전 상서
가서家書를 올렸다

대처에 간 아덜
개천용 될 향그로운 날
북극성에 빌고빌며
가문의 개벽開闢을 꿈꾸던 님들

붉은 눈시울로 글월 올렸다

일흠을 논밭에 묻고

지게에 시름 지고
황토 언덕 넘으시던 님들

간열븐 손 풀물로 지우고
흙손빗질 빗물목욕
옥골선풍*玉骨仙風 손사래 치던 님들

풍목지비*風木之悲로
꺼이꺼이 울던 고애자孤哀子

은하수 너머 기룹던 님들께
못다편 사연 설편雪片에 보냅니다

이제 낭떠러지 끝에서
펄럭이는 고독을 끌안는다

*옥골선풍 : 단아한 모습
*풍목지비 : 부모 없는 슬픔

시

二 바람에 흩어진 편지

봄
진달래
소쩍새
시인의 공원
시월의 공원

봄

일월에 순종하며
앙가슴 풀어 헤치는 봄

산사 범종소리에
해탈하는 봄

봄을 맞는다

해산의 환희
흐드러진 날과 악수하고
숨 죽여 승천하는 봄

봄을 보낸다

애기봄에 아버니
에미봄날 엄니
그렇게들 지고

안노*雁奴되어 맞아도
소금 절인 나의 봄

부질없는 그루터기 봄

*안노雁奴 : 기러기가 떼지어 잠잘 때 자지 않고 경계하는 한 마리의 기러기

진달래

철제鐵蹄에 눌린
힘겨운 날
농부들 속울음으로
태어난 꽃

아직도 맵찬 산골창에
선혈 뿌려
민초民草 있어 피어난
지조 높은 등불꽃

목련 살구 산앵도꽃
들메에 우줄대면

두견이 후여후여 우날아간
후미진 산발 그늘에
알아줄 이 없어
 더욱 붉은 꽃

벼슬도 모르고
일흠도 없이
우슬픈 지게차령에
허서그푸이 늙는 꽃

윤삼월 갈다 짓다
눈물 기름 우으로
알살이 진다

소쩍새

일제^{日帝}의 막칼질에
피가 거꾸로 치솟아
차라리 늦봄으로
허리 질끈 매었노라

풀잎들은
기한곡^{飢寒曲} 부르며
스러질망정
길들여지진 않았노라

그래서 그는
오늘도 그는

봄밤을 좇아
진달래 사태진 골에
세원^{洗冤}의 붉은 울음
막우 붓나보다

시인의 공원

일흠도 없는 시인이
세월마차를 타고

도심 공원
허울한 벤치의
마른 잎을 불고 있다

계절을 쓸면서
그렇게도 가슴파도 피우던
워즈워스를 그리고 있다

사랑 잃은 사람아
혹여
초롱별 쏟아지는 밤
호올로 들르걸랑

욕심 버린 내 시화詩畵 옆에
향그른 살내음 풀어
인정스런 미소 한 폭 걸어주게

시월의 공원

저 벤치엔
하얀 세월 노파가
넘어질 듯 무릎 짚고
턱 밑 숨을 끄집어낸다

팔 베고
단풍 어러진
갈하늘 마시면

눈동자엔
파아란 물감 고이고

미워하고 사랑하던 사람아
물감 찍어
저 잎새에
담는 사연 기노라

갈잎 삶길에

그런 미움 그런 사랑
지운 지 오랜데
파도밭에 묻었는데

시월이 가고
갈비 되오면

옷 벗은 나무 우두커니 서고
이 공원 이 벤치엔
모습 없는 로맨티시스트
그 바람만 벗이리

아, 애저녁별
피고 지면

나의 가을도 가고
그렇게나 그리운
그런 이 되나

시

三 그리움에 기대어

더 라스트 트레인
한여름밤 소묘
거미줄
낚시터 풍경

더 라스트 트레인

객수客愁들이 모여 앉아
고삐 풀린 안개밤을
뚜다리는 소래

손사래 미소 물결
이내 곡두일 뿐
비인 플랫폼

신월*新月 기울던 그날 밤
손빗질해주던
파리잔느 내 여인도
젖은 목소리로 떠났다.

풍년초꽃 외저운
산자드락
간수도 없는 간이역

손을 씻고서

고흔 님 소식 보듯
살아리꽃 피우던 나는
내려지고

더 라스트 트레인

짐장사 그는
등고랑에 처자를 달고
풍상風霜에 미끄러진다

＊신월 : 초승달

한여름밤 소묘

배야지 늘어진 재색 괴앙이
가릉거리고
거미줄덤불 비집는
삼십촉 낡은 불빛 노인정

낙태를 하였는지
대롱대롱 불나방을
입맛없이 뜯어보는 무당거미

가뭄고개 떠흐르는 붉은 호박달
분내음이 이따금 미끄러져 가고
시멘트 위로
용역에 팔렸던 그리메가 비틀거린다

쉼터 가 흰 점 망초는
모가지가 설거운 가라지풀
우두커니 흔든다

솔부엉새 살쾡이 휘휘한 찰두매
거미풍년 든 외딴집 두고
열 평 남짓 아파트 아들에게 얹혀온
광대뼈가 반짝이는 주름살

때 절은 고무신 차 던지고
낯선 도회 쉼마루 위에 배꼽을 벌렁이면
쓰르름 소리 이마 위로 나는데

옥수구 영그는 지상에서 바랄 일
이내 거두고
길디 질긴 뜬세월을 푸후 토해낸다

거미줄

서재 창 모롱이
하르라니 떠는 그물에
검정옷을 두른 신사가 옹그리고 있다

거무야,
가난에 속울음 울망정
그래도 소망의 그물을 깁는 넌
올곧은 선비여라

별빛으로 갈아 입고 그믐달을 젓다가
소삭이는 바람에도 하얗게 놀라
실핏줄이 뛰고
숨 죽인 채 외로 떠는 이여

운때 맞아야
하루살이 한 마리 건질까말까

이내 새끼에게

허약한 제몸을 뜯어먹이는
인고의 화신이여, 성자여라

아즐한 소싯적 본향 마슬엔
굴뚝에
연기 피지 않는 초가도 많았다

거미풍년을 살던 젖은 얼굴들
이제는 바람이언만

아즉도 내 눈동자에
거미줄은 걷히지 않는다
그물비가 내린다

낚시터 풍경

도회숲을 지나
혼자 무량년을 사는 늪 우로
어린 날 장수잠자리 나부대고
가냐른 젓갈잠자리 나웃나웃

장또뱅이 소금쟁이 아질아질 돌고
물오리는 연방 무자맥질에 취하는데
황소개고리 울음소리
제왕을 탐한다

백성처럼 수초는
연꽃을 섬기는데
바람살결에 기대어
태초를 흐느끼는
가래빗긴 갈대여

백로 지나가는
조각구름을 낚는데

이승에서 인연으로 만난
모습들이 도렷이 보인다

두렁지기 산고라리의 멍석손 작은 도시의 지인들
후살이 아주머니의 나무비녀 홀애비 효손 얼그망이 엿장수
우마차 풍물패 조이등불 두루매기 베적삼 홑바지 숨막집
메조밥 아욱죽 쑥버물이 콩서리 자주감자 까던 놋숟갈
대보름 옛이야기 꿈새벽 여우눈 소쩍새 훼심병
서낭마루 지슴길 숫눈길 개구리봉 산나초 반딧불
맨드램이 앵도알 산사꽃 토끼눈 풀여치 귀또리 메뚜기 텃새
그리고 흐름별이어라

가슴뼈에 서리담은
애원하던 낡은 청운을 뒤적여
산그리매에 던져본다

먹울음 울던 적막한
내 여정의 산실이여
서글은 영혼의 편린아
모두가 다 거짓인데
너는 어이 성하강을 꿈꾸는가

어느결에
애기저녁 도둑바람이
하늘한 가라지풀 시계풀꽃을 지난다

시

四 세월의 열차간에서

각설이
카사노비스트
한강유람선
회리곡
축시

각설이

동서나 남북으로 바람따라 발길따라
오일장터 축제마당 가고 오고 오고 가며

웃음 슬픔 섞어가며 돌고 도는 집시 인생
유랑마차 머무는 곳 그곳이 우리 세상

연지 곤지 덕지덕지 분단장 웃수염 벙거지 쓰고
홍부바지 몸빼바지 빨강치마 꺼먹신 깡통 달고
묻지마라 애시런 사연 신명나이 놀아나보자

나는야 난쟁이
어차피 인생길 욜로*YOLO건만
애고애고 우리 어머이 날 날적에
하늘에서 무슨 원죄原罪 지으셨기로

만인간들이 내려다 보고
만인간들을 쳐다만 보니
설거프다 설거퍼 이 내 팔자야

고수머리 거적눈 애비 난쟁이는 상쇠잡이
터져라 꽹매기 치고 팽이 돌듯 상모 돌리고

색동저고리 개짐내 풍기는 딸 난쟁이
한들한들 꽃나부춤 꾀꼬롱 노래 뽑고

젓마개 포갠 가슴봉지 개풀어진 사위 녀석
하늘보고 땅을보며 볼 붉어 새납 불고

껑추렁한 갈래머리 괴적삼 싱건 녀석
악어북 용머리북 양철북 때리고 달래고

홍부바지 깡통 차고 거멍칠 딸기코 녀석
이리 치고 저리 치고 장구 징 몰아치고

울대뼈야 이즈러저라 얼씨구씨구 불러보자
구경꾼들 몰켜든다 홍건나이 놀아봄세

개씨바리 고리눈으로 씰룩질 생욕질
굼질굼질 씨월거리니 아낙 아이 뒷걸음치고

꽁뎅이 비쭉배쭉 살방아 찧듯 깨방정 가달춤에
씰개 빠져 까르르깔깔 나동그라지고

거시기머시기 개나발 구라빨 몸빼바지 이바구에
귀는 쫑끗 눈은 동글 가는 허리 다 부러지고

게접스런 애비 난쟁이 곱사봉사 한타령에
너도나도 손수건을 꺼내든다

저절씨구 들어간다 엿목판 걸고 두리번 꿈뻑
귓구멍 모가지 옆구리 벙거지에 쌈지돈이 찔러지니
꽹과리 날라리 징 소북 대북 장고가 광^표뛴다

나그네새 리틀 자이언트 클럽
울웃는 삐에로여

세상길 토막열차 봄을 가는데
까짓 생가슴앓이 슬픈 연가 무엇이더냐
바닷가 테라스에 앉아 쉬었다감세

＊욜로YOLO : You only live once

카사노비스트

지나던 처녀가 스커트를 벗어
그의 묘비 녹슬은 십자가에 걸쳐주었다

보프라진 가슴 빗장을 풀고
가라히 두덕살을 혀로 조각하면서
몸사랑에 번뜩이던- 그는

살요기에 수 없이 입 맞추고
또다른 살방앗간을 헤매이던- 그는

문필가 철학자 의학자 계몽가
연주자 요리가 점성술가- 그는

유럽의 제왕 왕비 룻소 볼테르와 놀던- 그는

그러나
성직자였다

삼세기가 지나도 빙그레 웃으며
다가오는 그는
Jakob Casanova!

체코 프라하 성당 포도밭
그의 무덤 간 곳 없다

어느 그는
그니의 살덩이를 받는 전당포
　그 주인

누구는
달그락대는 영혼을 숨겨두고선
아예 난들난들한 알살을 맡겨두고

어느 그니는
불야불야 얼음처럼 챙겨 갔다

그는
가시냐년 수지운 금강절개를 쥐꺾고
돌림지집 개짐내를 훙훙 맡기도 했다

그래그래 지친 바람
일그러진 로망스를 기려워하며
홍젖던 뒷자취를 강이랑에 날려

흰세월 가애로이 살비운
거적눈 카사노비스트는
눈물달빛에 걸터앉아 얼을 던졌다

한강 유람선

뱃머리 사공 조을고
나룻배엔 꽁초는 쌓이는데
이슬 저어
두주 대접을 재끼며
달 별강 얼려
시와 시절을 토하다가
가난하게 울었다

반 백여 년 전
수주*와 공초*가 그랬었다

간신히 범람 면한
탁류는 이우성치고
초갈 유람선 팔도를 돈다

여의도 공원 예저
폭죽은 연방 하늘을 쏘고
철 아닌 올챙이연 무자맥질하는데

육대주 에뜨랑제의
낯선 언어가 지나간다

지독한 연기에 지쳐
도봉과 인왕과 민초들은 숨었다

강 두른 황홀한 불빛
애증을 달구건만

아직도 젖은 가슴에
횃불은 켜지지 않는다
꿈결에
꽃물 흐르는 세느강변을 걸었다

*수주 : 변영로 시인, 수필가, 시집 「조선의 마음」
*공초 : 오상순 시인, 하루에 삼백개피씩 꽁초를 남기는 애연가, 시 "아시아의 마지막 풍경"

회리곡會離哭
— 남북 이산가족 상봉을 보며

오마니, 저 순환이 왔어요
어디 갔다 인제 왔어

꽃시절 헤진 늙은 손끼리
해골로 끌안았다

망향 오십 년 매듭
일만 팔천 이백 오십 일 한
어찌 사흘에 풀리

대동강이 뒤집히고
도봉道峰이 벌떡 일어났다

이데올로기에 찢기운
백의白衣의 남과 북

이제 다시 갈라지면

아, 이제 바람이 되면…

섣달 그믐날밤에
새 울음 지고
유성이 떨어지거들랑

그때는 그때는
이 에미 숨 거둔 줄 알거라

맨드래미 고산故山뜨락
이내 그리워

사별死別한 이들
사별할 얼굴들

김포로 가는 버스는
순안으로 향한 그 버스는

그래서
온통 장의행렬이었다

그러나

그들은 분명

설운 피 토해
붉은 강물로 다시 만나
억겁을 흘러예리

축시

— 충주검찰 아흔다섯 돌 축하연에서 낭송

충주검찰이여
너는 꿋꿋이도 살아왔노니
버티어 왔노니
아 풍상의 구십오 년을

서슬진 비수를 뽑아
부정의를 가르고 저미며
때론 잃었던 날들을 주어주며
그렇게 살아온 격랑의 한 세기

인권과 그 존엄을 하늘로 받들고
동토(凍土) 가슴을 녹여주며
선악의 싹을 태우고 물주면서
지금 역사 앞에 서있노니

때론 분노하고 어루만지며
희망이 절개된 자리에서

정제된 희망을 초혼하며
티끌 없는 세상에 살게 하였노니

질경이처럼 살아남아
가난한 영혼을 끌고가는
키 작은 이들을 위하여
네 살을 베어 주었노니

숯검댕이 설운 가슴에
파아란 깃발을 달아주고
 초점 잃은 눈에 횃불 밝히며
그렇게 소중하게 지켜왔노니

우수의 날들을 꿰매고 사는 이들에게
자비慈悲를 나르고
판타지아를 들려주며
별과 꿈과 사랑을 노래하게 하였노니

풍상의 열차간에 실려온 아흔다섯
외로운 등대지기여
너를 믿는다
단 하루라도 아끼며 가꿔온
너를 기린다

훈훈한 남풍으로
대추나무 싹 티우는 날
강토疆土 백두白頭에도 무궁화 다퉈 피고
찢기운 가슴 아무는 날
계명과 남한강이 벌떡 일어나
맨어깨동무를 하고
덩기덩 덩기덩 흥춤추는 날

그날 아 그 벅찬 날에는
나는 너를 민족의 혼으로
박수하리라
뜨거이 울먹이며 노래하리라

정의의 빛탑 충주검찰이여
지조로운 검찰인이여
포용의 눈동자로 진리의 손으로
웅그린 가슴들 활짝 열거라
무량 만만세 영원하여라

2002. 12. 23.

시

五. 가슴밭에 피던 꽃

꿈
회억
나
일상
자화상

꿈

어머니는
가슴기슭에서

보란으며 피우신
겨울나무 눈 하나를

어린 내 가슴마루
양달녘에 모종 내셨다

달무리 지는 부엉이밤
외오 꽃눈물 털던 그 나무

속파^{俗波}에 씻기운 나신^{裸身}
겨울나기 겨워도
베리타스의 피 데워 아니 끓여

낙락장목^{落落長木}에 꽃주저리 달아
어머니 가삼에 심그리

아, 황톳배기 적시고
바람길로 간 꿈성아

회억

도회인들이 역겹다는
시굴사람 내음새가
내겐 라일락도곤 향그럽다

자연을 빼닮은
내 어머니 아버지

갈기진 멍석손이 측은하여
고달븐 숨소리에 목줄금 젖어
나는 펜대만 굴리기로 했다

그래서 새보얀 내 손가락은
늘 새롭고 정성스럽다

새봄마다 산봉우리마다
나는 뻐꾹새로 운다

나

나는
하늘이 보낸 앵발이

어버시 불효로 보내고도
검은머리물떼새로 토악질하여
염낭거무 되어 내 살 베 주며

그렇게 새끼들 물 주었다

나는
무문농필舞文弄筆로
아리수 쓰던 곡사曲士

유전하는 영욕에
바르를 떨기도 했지

나는
북두성 비치는
변방의 파수병

도요시절桃夭時節에
취한들 어쩌리

거루 기다리는
망각의 강 저기인데

그저 아리새*와 노니는
나신의 야마*野馬이어라

＊아리새 : 할미새
＊야마野馬 : 아지랭이, (장자에 나오는 말)

일상 日常

단잠 부스러기를 털고
오늘도 본능대로 세파에 실려간다

이내 붉은 꿈을 바순 뒤로
세월에 미끄러지는 무심길

막걸리 몇 잔 재낀
내 영혼 그늘에
부끄럼이야 불따르나마나

칡넝쿨 이승 노트 끼고
돌아볼 날 올 양이면
새벽 장닭이야 홰치나마나

작으나마
역사의 아침에 어찌 설거나

내 가족사에

나 설 모롱이 있을까나
까치집만해도 좋다

자화상

그 높은 베슬복 휘황한 진화^{進化}
꿈꾸었는데

님들 애곡^{哀曲}한 소원
꿈꾸었는데

꿈만 꾸다 가는 덩구는 마른 잎
가시성미 못난이

불노을 이울고 은한별 되피면
여우가 밤을 으깨는 칡뫼^{葛山}산골
시굴띠기 소객*^{騷客}

부스러기 회억 조고마한 슬픔에도
속눈썹 적시던 날들 날들

환희 뒤에 얼굴 감춘 비통
알았더라면

저 달이 날 보고 웃기에
손바닥으로 달 가리고
나도 따라 웃다

﹡소객 : 시인

시

六 영원한 사랑

Song yearning for father(사부곡)
Song longing for mother(사모곡)
Red sunset(저녁노을)

SONG YEARNING FOR FATHER

Along the way of the dandelion in twilight
Father went to heaven
The constellation turns and turns
How transient to see the days pass away
Though bearing the plow
Carrying A-frame on his back and thin wrinkles increasing
Father had lived faithfully
Regarding his undutiful son as a lamp light
Tears he shed secretly Flows like a river now
Papa's Figure
Where can I humbly see once again!

Though being very tired
Had led his life with smile The story on his life
Nobody knows except the solar and the lunar
Though got wet with rain Suffered from cold wind
But he forgot the empty times like a cloud and so lived
After his soul for sons he burned
Where did he go
Thinking papa's love like the sky
Now I feel a lump in my heart My heart is full

사부곡

민들레빛 노을길로 아버님 떠나시고
별자리 돌고돌아 세월가니 무상해라
쟁기 메고 지게 지고 잔주름이 늘어가도
불효자식 등불삼아 굳게사신 아버님
남몰래 흘리신 눈물 강물 되어 흘러갑니다
어딜가야 그 모습을 다시 한번 뵈오리까

고달파도 웃으시며 아버님 살으신 길
해나 알고 달이 알지 그 누구도 모릅니다
비가 오면 비에 젖고 찬바람에 시달려도
구름같은 무정세월 잊고 사신 아버님
자식 사랑 불태우다 가신 곳은 어디인가요
하늘같은 그 은혜에 가슴 절로 메입니다

SONG LONGING FOR MOTHER

Till the sun sets
Over the Mt. in front in twilight
Had a helve of weeding hoe for companions
Tilled the fire field
and loved soil whole-heartedly
Lived with sewed hemp jackets stinking with sweat
And along the crying of the common cuckoo
Went to heaven, Mother
Longing for her figure
I sit up tonight without sleeping

With tight cotton-skirt on her body
Was bedewed her clothes at early daybreak
She endured extremely poverty-striken life
Whether awake or asleep
for her sons
Praying and praying to the divine spirits
After leading a life like a crane and fairy
Went to heaven, Mamma
Now but tears
I cannot dedicate to her anything

사모곡

앞산 노을 질 때까지
호밋자루 벗을 삼아
화전밭 일구시고
흙에 살던 어머니
땀에 찌든 삼베적삼
기워 입고 살으시다
소쩍새 울음따라
하늘 가신 어머니
그 모습 그리워서
이 한밤을 지샙니다

무명치마 졸라매고
새벽이슬 맞으시며
한평생 모진 가난
참아내신 어머니
자나깨나 자식위해
신령님전 빌고빌며
학처럼 선녀처럼
살다가신 어머니
이제는 눈물날고
그 무엇을 바치리까

RED SUNSET

Clearing the scales covered with a floating life

Madly but so calmly

The fantasia is performed

who lived like that and went ahead

It is the actors' stage of being born again for a time

My father and mother seem to be there

Domestic animals come back home

And forest swallows are on the wing low

Crimson universe there

Andalusian gipsys' flamenco is on fire flamingly

The sky like a river stays in the last ecstasy of happy life

Pink and bitter tears are gathered in the rim of the eyes in secret

That light at last burnt up

Weeds in the mountain rest their heads on the dusk

And untie their breast ties

Feeling shabby like a spray of water

So I turn back

Unawares lamps are lightened like jewels on the mountain side

That place is mama's bosom to me

저녁노을

부표같은 삶의 비늘을 닦아주며
미칠 듯 고요히 연주되는 판타지아
그렇게 살다가 먼어 떠나간
배우들의 한바탕 환생의 무대
거기 내 아버지 어머니도 보인다
가축들 집으로 들고 산제비 낮게 나는
다홍빛 우주
안달루시아 집시의 플라멩코가 붉게 탄다
생명의 마지막 환희에 취한 하늘강
나도 몰래 눈뿌리에 괴는 바알간 눈물눈물
그 빛 이내 사위어버리고
뫼풀은 어스름 베고 누워 앞섶을 푸는데
물보라 내 모습이 초라하여 돌아서면
어느새 보석처럼 켜지는 산가의 등불
그곳은 내게 어머니 가슴이다

테라스에 앉아

어머님 전 상서
옛터에서
상춘산행
고독
「N가수 그리고 소록도의 봄」 공연을 보고
장애우 야유회
미스코리아
윔블턴 테니스와 힝기스

어머님 전 상서

어머님,

객창客窓에 나가 공부하느라 미처 고향에 계신 어머님을 찾아뵙지 못할 때면 하숙방에서 여린 손가락으로 어머님의 모습을 떠올리며 글월을 올리곤 하던 생각이 납니다.

담배 등 온갖 농사에 정성을 심으시느라 새벽이슬을 맞고 터시며 밭이랑에서 땀방울을 매신 뒤 이슬과 흙과 땀으로 범벅이 된 치마폭을 끌고 메마른 입술 허허한 모습으로 해가 중천에 떴을 때 사립문에 들어오시며 호밋자루를 놓지 듯 봉방에다 떨어뜨리시고 아침 시장기를 잠깐 때우셨습니다.

그리고 곧장 들녘으로 향하셔서 앞산 검붉은 저녁노을이 질 때까지 어둠을 삼키시며 돌아오시고 이어 꺼질 듯 희미한 등잔불을 켜놓으시고 저녁식으로 아욱죽을 쑤어 마시 듯 한 끼를 마치시면 이내 고단하신 옥체를 방구들에 맡겨 곤한 잠에 드셨을 어머님 전에 정성을 담아 글월을 올리던 때가 엊그제인 듯 싶습니다.

그러나 여울물처럼 세월이 빨라 이 세상 제 곁에 어머님은 아니 계시고 그 사이 소자는 백발이 성성한 채 하늘에 계신 어머님 전에 붓을 들고 있습니다.

어머님,

칠흑 같은 차디찬 다섯 자 땅속에 시신 누위신 지 북두칠성자리 돌고 돌아 벌써 스물다섯 번이나 해가 바뀌었습니다.

아, 지금은 낙골落骨이 되셨을 어머님!

고운 마음씨와 무량無量한 혜안을 가지시고 옥신을 불사르시며 삶의 화신인양 오직 칠남매를 위하여 인고忍苦의 나날을 학같이 선녀같이 살다 가신 어머님을 뵙고 싶습니다.

독일의 종교개혁자 마르틴 루터는 "죽음은 인생의 종말이 아니라 삶의 완성이다"라고 말하였습니다만 참으로 인생살이가 너무도 허망합니다.

이 세상 어느 누군들 단 한번뿐인 자기 인생이 소중하지 않은 사람이 있겠습니까.

그럼에도 어머님은 이름 모를 풀잎처럼 비바람에 내맡기신 채 한생을 저희만을 꽃 처럼 가꾸시며 사랑하시는 것으로 일관一貫하셨습니다.

「대보부모은중경大報父母恩重經」에도 있듯이 어머님은 삼백육십개의 뼈마디와 팔 만사천개의 모공을 빚어 저를 만드셨고, 일천 개의 칼로 배를 저미고 일만 개의 칼로 염통을 쑤시는 듯, 오장육부를 쪼개고 헤치는 듯한 고통을 참으시고 서말 서 되나 되는 엉긴 피를 흘리시며 저를 낳아 주셨습니다. 여덟 섬 너 말이나 되는 흰 피를 젖가슴으로 주시면서 저를 길러 주셨습니다.

오른쪽 어깨에 어머님을 업고서 수미산을 백천 번 돌아 피부가 닳고 골수가 드러나더라도, 제 몸에 불을 붙여 등을 만들어 부처님께 백천 겁 동안 공양한다 하여도 하해河海같은 어머님 은덕을 갚을 길이 없습니다.

생전에 유별히 꽃을 좋아하시고 걸인으로부터 모든 사람을 차별 없이 사랑하시던 어머님, 어머님은 분명 하늘나라 제향帝鄕에서 서방정토西方淨土에서 상생常生하고 계시리라 믿습니다.

갈걷이를 끝낸 싸락눈 내리는 긴 겨울밤 등잔 밑에 둘러앉은 동리 아낙들에게 구운몽, 옥루몽, 이조궁중실록 등 수많은 이야기책을 일일이 해설하시면서 실감나게 읽어 주시던 그 낭려朗麗하신 옥음玉音은 이제는 들을 길 없습니다. 운금상雲錦裳같은 빼어난 시문장詩文章을 대할 길이 없습니다. 정녀기주靜女其姝(시경에 나오는 말로 조용하고 얼굴이 예쁘다는 뜻)하신 자용姿容을 다시는 뵈올 수 없으니 인간사 인연은 이렇듯 매정하게 마디마디 끊어져야만 하는 건가요.

동리 사람들은 관혼상제가 있을 때마다 어머님을 정중히 모셔다가 바느질이며 의식 절차를 모두 어머님께 의존하였습니다. 그래서 그 불가사의한 손 솜씨가 아깝다 하여 어머님이 돌아가시면 양손을 관 밖으로 내놓고 모셔야 할 분이라고 모두들 극찬하던 기억이 납니다.

어머님,

소혜왕후 한씨가 쓴 「내훈內訓」에 "백유伯兪가 허물이 있어 그 어머니가 매질을 하시니 울더라. 그 어머니가 이르기를 다른 날에는 매질을 해도 울지 않더니 오늘은 왜 우느냐. 백유가 대답하기를 제가 죄를 지었을 때 맞는 것이 아주 고통스럽더니 이제 어머니의 힘이 능히 아프게 하지 못하시니 이런 전차로 웁니다."라고 쓴 대목을 읽으면서 어머님을 식탁으로 모셔갈 때 기운이 다 하시어 비틀비틀 촛불처럼 꺼져가시던 모습을 떠올리며 눈물을 닦았습니다.

제가 밤늦게 귀가하면 주무시지도 않고 한밤중에 몇 번씩 신발장을 열어 보시던 어머님, 참으로 많은 불효를 저질렀습니다.

아버님을 먼저 보내옵고 태산같이 믿고 의지하던 어머님마저 제 옆에 안계시니 고애자孤哀子는 슬픔을 가눌 길이 없습니다. 고향하늘로 떠가는 흰구름만 보아도 그리움이 뼛속까지 사무쳐옵니다.

사랑하옵는 저의 어머님이시여!

열넷에 물 건너 오두막집에 시집오셔서 한 가정의 중흥에 신명을 바치시던 차안此岸의 힘드셨던 나날을 모두 잊으시고 부디 아버님과 영생永生하옵소서, 어머님.

옛터에서

　두 세기의 다리를 건널 수 있는 우리들, 새 밀레니엄 21세기의 첫날, 지금쯤 목숨꽃을 피우는 모든 이들은 새로운 이정표에 감격적인 입맞춤을 하고 있을 게다. 어떻게 이 환희의 첫날을 장식할 것인가 하고, 정동진의 일출에 환호성을 지르러 몰려온 사람들, 지리산 천왕봉의 해맞이꾼들, 한 세기의 마지막 제야와 새 한 세기의 첫 새벽을 여는 종각 행사장 군중의 함성에 묻혔다가 청진동에서 옹기종기 해장국을 후루룩거리며 소주잔을 부딪치는 군상들, 세월에 무디어진 채로 병마와 싸우는 노파들 소년소녀가장들 생활보호대상자들 ― 참으로 여러 갈래의 삶이 펼쳐지는 아침이다.
　그러나 나는 미동도 않고 고향을 찾아 조상님도 뵙고 내 자란 고기故基를 더듬기로 했다.
　어떤 인연으로 지금 나는 릴라향 같은 살음을 향유하고 있는가. 그것은 분명 고향 산하와 어머니, 아버지, 조상님들과의 인연 때문이 아닌가.
　한생을 헐떡이며 올곧게 살다가신 그분들, 인생 노트를 말아 쥐고 나룻배 타고 은하물 너머 망각의 강인 「렛데 강」을 건너 영혼의 세상에서 영생하고 계시리라.
　유성이 지는 별 시림 밤 칠흑 같은 차디찬 땅 속에 육신을 맡기신 채

고요 속에 들어가시어 이제는 낙골落骨이 되어 뼛조각만 제각기 흩어져 계실 그분들.

　예서 사십리 남짓 기러기길은 풍진에 섞이다보니 가깝고도 아득타. 그러나 생각나면 따라서 눈물 나는 나즈막한 성근 마을.

　서둘러 몇 술을 뜨고 목욕재계하고 길을 나섰다.

　고산故山 가는 길, 반딧반딧 반딧불이 유영하는 호래이 모래 뿌린다는 서낭당 지심 고갯길 ― 매미껍질 어머니가 동백기름 단장하신 머리 위에 마늘 한 접 참깨 한 되 이고 할머니 제사상 마련하러 거미걸음 하시던 길, 내 고사리날 껍정고무신으로 흙먼지 날리며 넘다들던 길, 휘어로운 길 가다 독가시에 찔려 앞날을 접고 숙맥이된 젊은 날 방랑의 눈물 털며 돌부리 차며 넘어가던 길이다.

　그 너머 비록 굴뚝에 저녁 연기가 나지 않는 집들도 있었지만 흙우내 자욱한 그곳엔 칡넝쿨처럼 엉키엉키 홍건나이 사는 고흔 흙사람들이 있었다.

　봄이면 산사 진달래 들뫼꽃 어우러져 꽃사래치는 마을. 이따금 호드기 소리에 뒤꼍 앵도알이 수줍어 하던 곳. 눈썹머리 앞산 불노을은 이우는데 머루눈으로 땀방울 매시던 어머니 찾던 산너머 밭, 보석처럼 켜지는 조이등불, 익어가는 불빛으로 문종이가 하나 가득 얼굴 붉히면 어머니 아버지의 곤한 숨소리가 깊어 가는 곳 ― 거기가 바로 내 살던 순박의 고향이다.

　준비해 간 제수를 차려 고향 산소를 찾았다.

　햇볕이 한참을 비추고 갔는지 땅가죽만 살짝 녹아 절을 올릴 때마다 무릎이 젖고 뼈가 저리다. 어머니가 전에 조상님 지켜 주시는 산신에게 먼저 잔을 올리라고 하신 생각이 나서 잔 받들며 마음속으로 「산신이시여, 저의 어머니, 아버지, 조상님들을 보살펴 주시어 감사합니다」라고 읍례揖禮를 표했다. 아, 뒤노이노니 괴오든 분들 잠드신 이곳. 선녀 항아姮娥가 산다는 둥근 달이 천등산 위로 오르면 그분들 서로 만나서서 골육骨肉의 정 나누실까. 이따금 불어오는 골창 바람이 산소 위에 진 낙송잎만 이리저리 뒹굴게 한다. 솔새가 양지녘 솔순을 쪼으며 찌지댄다. 이렇게 사람의 길이 무상하거늘 나는 무슨 허망한 꿈에 뜬구름 같은 명리를 좇아왔던가.

옛집을 헐었다는 말을 듣고 약 백여미터 상거한 그곳으로 향했다. 허겁지겁 걷는 나는 왠지 가슴이 내려앉고 슬픔이 목줄금을 타고 흐른다.

아니나 다를까. 그 형상 다 어디 가고 주춧돌 흩어져 구들장 자리 위에 사연 모르는 키 큰 억새풀만 무심히 나부낀다.

주추 어릅쓰니 만감이 파도처럼 밀려와 텅빈 가슴에는 그리움만 고이고, 이내 내 시야는 안개처럼 뿌여진다.

바깥 마당 위로 꽃다홍 노을밭이 펼쳐져 우리 집이 어느새 술에 취한 듯 달아 오르면 뒷산에 쪽빛 산나초 더욱 외저웁고, 밤이면 별강 가득 쏟아지고 청포 영그는 소리 모깃불 내음 다듬이소리 개짖는 소리 아련하던 삶터, 별모래 억겁 비치던 둥지 ― 아아 냇내처럼 모두 다 가버렸다.

나는 차운 주추에 걸터앉아 눈을 감았다. 행여 그리운 얼굴들 보일까 하여. 혁명가의 남편인 아버지, 혁명가의 아내인 어머니가 삶을 베어

내어 부의 성지 쟁취하던 날, 생살껍질 걷어 쌓은 굳은 맹세의 탑 위로 혁명의 횃불 솟고라져 하늘 숲 사르던 날 — 1948년 무자년 봄요한 날 — 두 내외분은 이곳에 한마지로^{汗馬之勞} 불가난 태워 꼭무등 구중심처를 마련하셨다. 손수 그 무거운 돌짐 흙짐 져다 세우고 다듬고 가꾸시어 대궐 같은 정성의 집을 지으셨다.

늦가을이면 어머니 상달 시루떡을 빚으시고, 아버지는 새 이엉지붕으로 단장하셨다.

허리 휘며 밤콩 터시던 아버지의 도리깨질 소리 들리는 듯 어머니 들깨 터시던 손놀림 남은 바깥마당. 마당 가엔 아주까리가 멋스레 영글고 맨드라미꽃이 한껏 붉었었다. 반석같은 광휘^{光輝} 믿고 젖은 가슴풀어 칠남매 가꾸시던 곳, 함박눈 살포시 나래 펴는 조요로운 밤이면 정가로운 종짓불 아래 피붙이기들 어룽이던 곳.

그러나 이제는 산천어로 사시던 내외분 삶의 고동 접으신 채 억겁 년 쉼터로 설리 설리 불려가시고 초가 마저 헐려 별빛과 일일이 포옹하고 영혼살이 떠났다. 추녀끝 무당거미, 댓돌녘 귀또리도 갈공막대 짚고 나를 기다리다 집과 함께 떠나 갔다.

가루눈 내리는 겨울밤, 억조광년 비춰주던 별빛도 모두 다 그렇게 가 버렸다.

바람이 된 우리 가족사, 그날들의 성화는 꺼져 비보라에 뒹굴테지. 피타던 살붙이의 혁명사는 저 억새처럼 너풀댈테지.

가난테미 가래질하여 깎아지른 껄보릿고개 무너뜨린 아부지 엄니 허상이 어른 인다.

말라핀 입시울 허허한 눈동자, 소원 한 포기 모종하고 피땀짜서 물 주시던 흙 갈퀴손이시여.

그래 나는 분명 그분들 생뢰生牢의 황톳길살이에 빛탑이었어야 했었다.

나는 눈 감고 고향 사람들과 얼려 베베풀로 살다 가신 그분들 영생을 빌며 간절히 지노귀새남 올렸다.

마음을 진정하여 차가운 섬돌에 붙어 있는 마른 흙을 손으로 털고 있는데 까치 한 마리가 허물어진 장독대 위로 무심무심 바람을 지나간다.

바깥마당 앞 내가 사십년 전에 심은 은행나무가 세월을 먹고 대견스레 하늘로 치솟았기에 끌어안아 보았다. 그 사연 아는지 모르는지 겨울나기를 하고 있다.

허공 잡고 입설 물며 빛나는 눈동자로 살기로 빈 터와 약조하고 돌아섰지만 심장에 비수가 꽂혀와 장백폭포 같은 설움만 쏟아져 고인다.

돌아서려는데 갑자기 아버지 어머니가 젖은 목소리로 나를 부르며 소매끝을 잡으시는 것 같아 한참을 뒤돌아 보다가 한 걸음씩 떼어 놓았다.

아버지 어머니 옛집과의 만남 그리고 헤여짐 ― 만남과 이별은 한 몸이고 이별이 만남보다 더 깊다는 것을 알았다.

로렌스 굴드는 "어린이들이 부모의 품 안을 절대적으로 의지로 삼듯이, 어른들도 무엇인가 마음으로 의지할 것을 찾는다."라고 하였다.

이제 나는 양친과 작별하였고 살던 집도 잃었다. 고향을 다 잃은 셈이다. 별 수 없이 의지할 곳 없는 나도 이별 연습을 해야 될 때가 가까워 오는 것이 아닌가싶다.

  21세기의 첫날, 나는 바람으로 살기로 마음 지으며 그날 밤을 옛터 속에서 뒤척였다.

상춘산행 賞春山行

 어느 날 내가 등산을 가야겠다고 하자 아주 해학諧謔이 넘쳐나는 나의 친구는 느닷없이 「죽으면 어차피 산으로 갈 텐데 무엇하러 산엘 가느냐」고 하기에, 「죽기 전에 미리 산과 친해 보려고 간다네」라고 대꾸한 일이 있다.
 춘분春分을 나흘 남겨둔 지난 일요일에 누님 내외, 내자內者와 함께 눈만 비비면 마주 뵈는 앞 남산을 향한 일이 있다.
 멀리 들녘 가운데 멋스레 서 있는 관음류(능수버들)를 보니 어느 결에 연록의 빛으로 갈아입고 있는 게 아닌가. 봄은 뭐니뭐니해도 버드나무로부터 온다. 봄이 곧 올 것이다 싶으면 버드나무 잔가지는 물이 올라 이내 봄옷으로 바꿔 입고 서서 상춘객賞春客을 맞을 채비를 하고 있으니 말이다. 치렁치렁한 가지가 북새풍北塞風에 봉발을 한 채 겨울밤을 베어내며 울더니만 밤사이 긴머리 소녀처럼 머리를 곱게 빗고 한들한들 너울너울 허리를 꼬며 온누리에 봄을 흔들어 주고 있다.
 충주 시내가 한눈에 들어오는 마즈막재에서 출발, 남산에 한발 올려놓으니 등을 떠미는 충주호 바람이 옷깃 속으로 파고 들지만 차가운 듯 간지럽고 산뜻하다.
 남산 중허리를 따라 널찍하게 닦아 놓은 신작로新作路를 굽이굽이 빙글빙글 돌다보니 산경山徑이 아니라서 인지 산을 오른다기보다는 호젓

한 길을 그저 걷고 있다는 느낌이다.

산복山腹 골짜기에 아무도 알아줄 이 없어도 아기자기하게 보금자리를 틀고 살림살이를 차린 산버들이 벌써 은빛 강아지꽃을 쏘옥쏘옥 밀어 올리고 있다. 가느댕댕한 산딸기나무에 산잡초를 물어 따아 놓은 산새의 빈둥지가 애련하다.

산골자락에서 티격태격 오순도순 컸던 나와 누님은 이제 중년이 되어 산을 오르며 숨을 몰아쉬고 있다. 일월이 핥고 간 화장기가 겉도는 누님의 얼굴과 마주칠 때마다 인간사 무상을 언뜻언뜻 느껴 나도 모르게 고개 돌리고 산바람을 흠씬 들이마셔 본다.

봄이 오는 것을 설워하는지 엊그제 찾아온 잔설이 봄바람에 흐느끼며 솔잎 아래로 푸푸 떨어지고 있다.

산중턱 오름목 산처山處애 누워 있는 외론 사람아, 휘이 불어오는 뒤바람에 초라한 네 묘비석이 더욱 싸늘타.

산정山頂에 올라 모자를 벗고 맺힌 땀을 날리며 사방을 보니 온통 산수화였다.

태백줄기와 차령산맥이 에워싼 복판에 백설을 이고 불끈 솟아서 온 천하를 호령하고 있는 월악산(옛이름은 월형산月兄山이었음) 그리고 깎아지른 영봉, 그 위를 흐르는 산운山雲이 눈부시다. 그 뒤 까마득하게 충청도와 경상도를 남북으로 가로질러 아버지처럼 국토를 굽어보고 있는 장엄한 소백산맥의 설경, 백두대간의 산악기상이 그대로 뻗어내려 잠시 쉬었다 가는 해발 1017미터의 조령산 곡선, 월악과 조령 사이에 차오른 부봉釜峰, 서쪽으로 산군山君(호랑이)이야기 등 전설을 들려주시던 어머님의 고향 앞산인 보련산의 위용- 남북, 북서, 동남으로 맥이 끊이지 않는 준령, 첩첩첩첩장관이다.

태백산맥으로부터 오대산에서 갈라진 차령산맥의 물결을 타고 굽이쳐 내려와 치악산을 빚고 다시 도도한 줄기를 밀어 백운산을 짓고 이내 아버님이 나무하러 오르시던 초동한樵童恨이 맺힌 망령고개를 타고와 그 자락 잔잔한 남향기슭에 자리한 내 태어나고 자란 고향이 가물가물하다.

내 밟던 산천 조상님들 영생하시는 선영이 게 있으련만 지천명知天命 나이탓에 그 모습을 또렷이 볼 수 없으니 우리네 부질없음이야.

산성돌 흐트러진 성곽을 위로 두고 약수터 할딱고개 너머 창룡사 가는 길로 하산하는데 돌돌돌 곡간수谷澗水가 구르고 있기에 덜컥 앉아 한 줌 받아 마시니 산삼물인지 오장육부가 씻어 낸 듯하다. 눈을 돌리니 이름 모를 봄풀이 묵은 낙엽을 떠밀고 얼굴을 들고 한낮 일광욕을 즐기고 있다. 그 옆에 마음대로 자란 산수유나무가 노란 꽃편지를 써놓고 있다. 양지녘 명당터에 자리한 행운아들인가 보다.

창룡사 산문山門을 들어서니 경내에 수백년 넘은 향나무가 부러워 그 등을 쓰다듬는다. 새로 지은 본당은 단청丹靑은 아직 입지 않았지만 우두커니 실로 웅장하다.

세 시간 남짓 코스의 남산은 어느 계절에 찾아와도 그 경계가 출중하며 사팔방이 곱트여 내 가슴을 시원하게 뚫어준다.

작가 정비석은 「금강산추억」에서 "내가 요산요수樂山樂水에 맛을 들이게 된 것은 너 금강산을 알게 되면서부터였다."고 쓰고 있다.

공자가 쓴 「논어 옹야편」에 "산을 좋아하는 사람은 어질고, 정적이며 장수한다"고 했다.

산은 그 신비 희열, 오묘한 진리와 깊은 철학을 오로지 자신을 찾아주는 사람들과 나눌 뿐이다.

봄이 오는 남산은 잠시도 쉬임없이 소리내며 숨 쉬고 움직이고 있다.

고독孤獨

 나는 일제 치하로부터 해방되기 위하여 기미년 독립운동 때 민족 봉기의 발원지였던 파고다공원(일명 탑골공원, 탑동공원)에 가본 일이 있다.
 내가 그 곳에 간 것은 독립운동의 발자취를 더듬어 봄에도 있지만, 기실 시를 쓰는 사람으로서 그곳에 모여든 각양각색의 평범한 사람들을 묘사해 보려는 의도였다. 주정뱅이가 발치에 빈 소주병을 아무렇게나 굴려 놓고 낙엽이 뚝뚝 떨어지는 서늘한 가을을 잊은 채 깊은 잠에 빠져 있다. 지팡이에 몸을 의지한 할아버지 할머니들, 어떤 노인은 검정색 나비넥타이에 중절모를 얹고 걷는 모습이 단정해 보이나 어딘지 얼굴에 수심이 가득하다. 아마 며느리를 잘 두긴 했으나, 마나님을 먼저 귀천歸天시킨 모양이다. 바둑판을 둘러싼 사람, 김밥을 먹는 사람, 이를 쳐다보고 군침을 흘리는 거렁뱅이, 노인 삼사십 명에 둘러싸여 온 힘을 쏟아 음담패설을 늘어놓는 신사노인-천태만상이다. 그러나, 파고다 공원은 아침 해가 뜨면 오늘도 변함없이 그 사람들의 발길이 꾸역꾸역 찾아 주는 장터이다. 그곳에 오는 사람들은 모두가 외로워 보인다. 고독을 떨치기 위하여 모여드는 군상群像 들이다.
 내가 전에 공부 한다고 찾았던 암자생활도 꽤나 고독의 시간이었다. 떨어진 낙엽이 소슬바람에 단청 뜨락 아래 이리저리 쫓겨 다니며 몸으로 우는 소리, 풍령風鈴 소리, 이었다 끊기는 산새 소리, 보살님의 예불 소리, 신종晨鐘 소리뿐 내 유일한 벗은 나를 찾는 벼룩 몇 마리뿐이었다.

　나는 서울에 있는 자식들 뒷바라지를 위해 아내를 보내 놓고 1년여 동안 혼자 살아 보았다.

　이렇듯 고독은 어떤 의미로든 누구에게나 공평하게 찾아오는 것이다.

　헤르만 헷세는 고독에 대하여 "안개 낀 거리를 제각기 제 갈 길을 찾아 헤매는 것이 인생이다."라고 쓰고 있다. 또, 실존주의 철학자 샤르트르는 "우리는 붙들 것도 없고 내밀어 주는 손도 없는 막막한 곳에 혼자 서있다. 내가 나를 만들어 나가야 하는 점에서 인간의 고독은 시작된다."고 갈파하고 있다.

　인간은 고독한 존재임이 틀림이 없다. 숙명적으로 전수받아야만 하는 이 고독을 이기고 용서하는 것만이 고독하지 않게 세상을 살아가는 지혜로움이다.

　산사山寺의 스님들, 신부 수녀님들, 맹인학교 교사들 고시지망생 등등. 간디가 "고독을 자발적으로 찾는 사람만이 고독의 매력을 안다."고 말했듯이 이들은 더 높은 곳을 향하여 고독을 스스로 원하고 찾으며 사는 사람들이다.

　범죄자들을 유치장, 또는 교도소에 구속하는 것도 바로 인간이 가장 헤쳐 나가기 힘든 「고독」을 부여하여 함께 있음과 격리시켜서 개과천선하도록 하는데 그 의미가 있다 하겠다.

　우리 주위에는 오늘도 혼자 조석을 끓이는 파파노인이 있고, 떠나 버린 사랑 때문에 실연에 아니 고독에 울고 있는 사람들이 있다. 이 고독을 이기지 못하여 자살하는 사람도 많다.

 그러나 태어남과 죽음이 동전의 양면과 같듯이 세상에는 서로 반대되는 것들로 가득 차 있다. 그러므로 고독을 겸허하게 가슴 속으로 받아들일 때는 함께 있음을 의미하기도 한다.

 빛의 계단을 올라간 사람들은 고독의 장점만을 골라서 살아간 사람들이다. 남편이 부인이 내 자식이 영원히 나와 함께 있을 수는 없는 것이다.

 음양과, 빛과 그림자, 밤과 낮, 해와 달, 만남과 헤어짐-이 모든 것은 항시 우리네에게 공존하고 있다.

 「채근담」에 "물은 물결이 없으면 스스로 고요하고, 거울은 먼지가 없으면 절로 밝다. 그러므로 마음도 맑게 하려고 애 쓸 것 없이 흐리게 하는 것을 버리면 맑음이 스스로 나타나며, 즐거움도 찾으려고 애쓸 것 없이 그 괴로운 것을 버리면 즐거움은 저절로 생긴다."고 했다.

 이렇듯 아무 일 아닌 듯이 고독의 유익한 점을 깨달을 것이며 스스로 함께 있음을 발견하게 되는 것이다.

「N가수 그리고 소록도의 봄」 공연을 보고

우리는 「소록도」가 그저 나병환자 요양원이 있는 섬이다라는 정도로만 알고 있을 뿐이다.

실로 그곳의 환자, 의사, 간호사들은 우리에게 관심 밖의 사람들로 잊고 살아온 것도 사실이다.

「소록도」는 약 북위 34도 30분, 동경 127도 6분, 전라남도 고흥군 도양읍 소록리에 속하여 있고 남해 득량만에 위치한 면적 3.25제곱킬로미터의 작은 섬이다.

그곳 국립소록도병원은 의사 8명, 간호사 105명, 기타 종사자 127명 등 병원 관계자 240여 명과 나환자 1,050여 명이 있다.

이 나병은 다른 말로 「한센병, 문둥병, 개라, 레프라, 대풍창, 풍병, 뇌풍, 천형병」이라고도 한다.

「한센병」이라고 한 이유는 노르웨이 베르겐병원장인 「한센Hansen」이 1874년 처음으로 나병균을 발견하였다 하여 붙여진 이름이고, 「천형병天刑病」은 하늘로부터 벌을 받은 몹쓸 병이라고 하여 내려오는 이름이다.

이 나병은 초기 증상이 피부의 발진, 일정 부위에 신경감각의 마비현상이 나타나는데, 그 대체적인 병상은 피부의 결절, 반점, 지각마비, 눈썹 속눈썹의 탈모, 손발 안면의 변형, 시력장애 등인데 만성전염병이고 옛날에는 불치병으로 알고 있으나 오늘날은 얼마든지 치료가 가능하다.

지난 5. 14. 음력 사월초파일 불기2541년 부처님 오신 날에 「모방송」은 TV황금시간인 오후 7시부터 105분 동안 「N가수 그리고 소록도의 봄」 공연실황을 방영하였다.

잊혀진 얼굴, 그늘에서 사는 이름, 자신을 불태우고 사는 분들과 만나는 진한 감동의 드라마 한 편이다.

N가수는 편지를 보내준 서른 정도의 나환자 앞에 무대에서 내려가 세차게 내리는 봄비를 같이 맞으며 무릎을 꿇은 채 뒤틀린 그녀의 손을 꽉 잡고 그녀와 눈을 떼지 않고 마주보며 연인처럼 그녀가 신청한 「인생은 미완성」, 그러니까 그녀의 인생을 부른다. 간주곡이 연주되는 동안 내내 인간으로서의 정이 북받치는지 와락 그녀를 끌어안고 얼굴을 부비며 말없이 흐느끼고 있다.

그러나 그녀는 인생에 대한 포기인지 하늘에 대한 절망적 부르짖음인지, 이미 잃어버린 삶의 의미를 떠올리기 싫어서인지 사뭇 멍하니 아무런 표정도 없이 N가수를 바라보며 간간이 노래를 따라하는 듯한 입 모양만 보일 뿐이다. 그리운 부모형제, 두고 온 고향 푸른 하늘, 꽃다운 시절의 꿈— 모두 다 잃어버릴 수밖에 다른 도리가 없는 꿈 조각이기에, 되뇌고 싶지 않은 지나간 날이어서 인가.

이곳에서 근무하는 친언니 간호사를 따라 함께 봉사하는 조 모 간호사- 두 자매가 이곳에서 몸 바쳐 일하고 있다. 하늘의 부름을 실천하는 영적 전달자, 하얀 옷의 천사로서 대자비를 몸소 베풀고 있다.

N가수는 팔을 감아 그 간호사를 안고 볼을 맞대고 「사랑」이란 노래를 부른다. 인간의 숭고한 사랑을 실천하는 조 간호사에게 감격한 나머지 참사랑을 함께 부르고 있는 것이다.
　아, 그 조 간호사, 지고지순한 여인!
　파파노파 나환자의 거소를 찾아 아무 거리낌도 없이 그녀의 일그러진 얼굴을 사랑의 눈으로 바라보며 떨어져나간 손마디를 잡고 한 생명을 치료하고 위로하는 그 잘생긴 모습, 이 때 그 늙은 여환자는 장롱에 고이고이 두었던 하얀 양말 한 켤레를 조 간호사에게 건넨다. 이를 받아들고 작은 어깨를 들먹이며 감격의 눈물, 인간애로서의 뜨거운 울음을 울고 있는 조 간호사, 갓 피어나는 처녀이기도 한 그녀의 해맑은 눈동자, 은혜의 사자- 세상에 이보다 더 고운 영상이 또 있을까.
　이것이 바로 인간 본연의 미학이요, 억만금과도 바꿀 수 없는 그야말로 찬연한 빛의 계단을 올라가는 사람살이인 것이다. 그녀를 보고 부끄럽지 않은 자 누가 있으며 감동하지 않은 자 어디 있으리오.
　N가수는 「어메(어미니의 사투리)」를 부르고 맨나중 「향수」를 부른다.
　그리하여 N가수, 의사, 간호사, 종사자, 환자, 시청자 모두가 함께, 그리고 따라서 울고 있다.
　요즈음같이 각박하고 시끄러운 세월, 세상에 이런 사람들이 남이 보아주든 말든 참 인仁과 덕德을 실행에 옮기며 이를 가슴으로부터 즐거워하고, 하얀 눈 위에 우뚝 솟은 소나무나 전나무처럼 곱푸르러 찬란함이 있기에, 그들의 축복된 마음이 있기에 우리는 몸과 마음을 지탱하며 다시 힘을 낼 수 있는 희망의 샘물을 마실 수 있는 것이다.

우리가 잘 알다시피 중국 북경대학을 나온 시인 한하운(본명 한태영)도 이곳에서 병마와 싸우며 「보리피리」 「전라도 길」 등 나병환자의 시름과 설움을 노래했다. 자서전 「나의 슬픈 반생기」를 통해 자신의 꿈, 그리고 좌절을 고백하고 있다.

공자는 「논어」에서 "인仁에 산다는 것은 순수한 마음가짐으로 행동하는 것이다. 인에서 살려고 한다면 그 마음속에 악이 생길 리는 없다"라고 갈파한다.

다시금 「모방송」에 머리 숙인다.

이런 질 높고 가치관으로 충만 된 프로가 자주 방영되어 국민정서의 함양에 기여하는 방송으로 거듭 껍질을 벗어야 할 것이다.

장애우 야유회

내가 가난한 영혼을 끌며 살아가는 장애우들과 인연을 맺게 된 것은 최근에서야 이루어진 것으로 부끄럽기 그지없다.

선입견을 털고 그들과 거리 없이 사귀어 보니 세상을 활보하는 사지가 멀쩡한 사람들보다 그들은 훨씬 더 하느님 가까이에 살고 있음을 느낄 수 있다.

나는 물고기가 뛰는 남한강 상류 단월 강수욕장에서 장애우 야유회가 있다는 전갈을 받고 곧장 달려갔다.

연중 한 번 있는 모임에 날씨라도 한 부조하려니 하였으나 태풍의 영향권에 깊숙이 들어 우수의 날들을 꿰매고 있는 그들처럼 궂은 비가 질척거리고 있다.

가슴이 답답해지고 측은한 강물이 목줄금에 흘러내린다.

강변에 이르니 네댓 개의 천막 아래 눈대중으로 백 오십 명 남짓 비에 젖은 새처럼 옹기종기 모여 앉아 그들만의 대화를 주고받고 있다.

양다리를 모두 의속에 맡긴 사람, 팔·손가락·눈이 달아난 이, 수족이 새끼처럼 돌아간 이, 곱사등이 (구루佝僂) ― 시내 불편한 삶들이 모두 모여 한솥밥을 들고 있다.

말총머리를 한 자원봉사 악사가 구성진 트롯트 테이프를 연방 바꿔 끼며 흥을 돋우고 있다.

후원회 여인네들이 수건을 머리에 얹어 빗물을 덮고서 생글방글 음식을 만들고 나르며 자비를 풀어헤치고 있다.

나는 발에서 가장 가까운 천막부터 들러 그들에게 뜨거운 손을 맡겼다. 때론 비 비린내 섞인 그들의 육신을 포근히 안아도 본다.

중식이 어느 정도 끝나고 소줏내 나는 노래자랑이 이어졌다.

전에 태진아가 부른「사모곡」을 내가 작사한 것이 나도 모르는 사이에 소문이 소문을 물어 시내 사람들에게 두루 알려져 나는 꽤나(?) 유명세를 타고 있는 중이다. 그래서 고을 노래자랑에 곧잘 심사위원으로 소매깃을 끌린다. 이번에도 어김없이 노래 심사를 부탁하기에 송구스러운 마음으로 응락하였다.

어느 결에 수십 명이 무대 아닌 무대로 몰려 나와 악사가 틀어주는 「남행열차」노래 소리에 섞여 흥춤을 추기 시작한다.

이상한 일이다. 난쟁이 같은 키 작은 곱사등이 중년 여인 옆에서 긴 머리를 흩날리며 연신 몸을 꼬았다 풀며 마구 흔들어대는 스무살 남짓 처녀는 누구일까. 멀쩡한 육신에 탤런트 뺨치는 그 미소녀는 신세대답게 미소를 지으며 멋스레 손뼉을 치며 노래하고 있다.

나는 어린애처럼 궁금증에 시달리다가 이윽고 옆에 앉은 도우미 아가씨에게 물었다. 아뿔사 그 아리따운 소녀는 바로 그 곱사등이 여인의 딸이다. 분명 고등학교를 졸업하고 불쌍한 가족을 위해 일찌감치 어느 공장에 취업하여 일하는 소녀 가장일텐데, 아님 대학생 일텐데 어떻게 시간을 쪼개고 어떻게 용기를 내어 이곳에 와 있을까. 그 나이에 창피함과 열등감이 없지 않을 터인데 저리도 구김살 없이 컸단 말인가. 요즈음 아이가 아니다. 섹스, 스크린, 스피드, 스포츠 소위「4S」에 도취되어 미치광이가 된 많은 젊은이들, 그리하여 부모에게 막급한 불효를 저지르고 가정을 뒤흔들어 놓은 젊은 군상들을 떠올리면서 이 소녀를 보니 입이 마르도록 칭찬하여도 오히려 부족하다.

분명 그녀는 희망이 절개된 자리에서 정제된 희망을 초혼하며 두리번거리는 자신의 어머니에게 산뜻한 희망으로 돌아온 것이다.

홍타령 노래자랑이 빗속에 끝나고 심사결과를 발표하면서 나는

「여러분 너무나 반갑습니다. 여러분을 마음속으로부터 존경합니다.」

그렇다 나는 똑같은 인간으로 태어나 불굴의 용기로 살아가는 그들에게 가슴속으로부터 우러나는 진실한 인사를 한 것이다.

심사위원인 내게 잘 보이려고 공손히 미소 인사를 주던 모습들- 어느 봄날 활짝 피어난 모란꽃이 따를 수 있으랴.

휠체어에 몸을 맡기고 한 주일도 빠지지 않고 성당으로 향하던 젊은이가 눈에 띄지 않는다. 빗줄기는 굵어지고 이내 그런 이들은 모처럼의 야유회에 보이지 않는다.

나는 이런 이야기를 들은 적이 있다.

하느님이 사람과 당나귀와 개·원숭이에게 각 삼십 년씩 살고 죽으라고 하였다.

하느님이 당나귀에게 말하였다.「너는 삼십 년을 살거라」당나귀가 대답하였다.「하느님 저는 매일 쉬지도 못하고 등짐만 지고 일을 하는 것이 너무나 고통스러워서 십팔 년은 안살고 그냥 반납하고 말겠습니다.」개에게 물은 즉 고개를 저었다.「저는 매일 혼자 집이나 지키고

집주인에게 꼬리치며 아부나 해야 밥을 얻어먹으니 지겨워 십이 년을 내놓겠습니다.」 원숭이가 혀를 찼다. 「저는 살아봤자 평생 동안 인간도 못되고 인간 흉내만 내며 살기 싫습니다. 그러니 제게 주신 삼십년 가운데 십 년을 도로 내어 놓겠습니다.」 하느님이 인간에게 명하였다. 「너는 삼십 년을 살다 죽어라.」

그러자 당혹한 인간이 손을 비비며 말하였다. 「하느님! 할 일이 너무도 많아 삼십년 가지고는 너무 짧습니다.」 그러자 하느님이 고쳐 명령하였다. 「그러면 당나귀가 반납한 십팔 년, 개가 내놓은 십이 년, 원숭이가 포기한 십 년을 더 주니 합해서 칠십 년을 살거라.」

생각해 보면 우리 인생사는 당나귀가 내놓은 십팔 년을 더한 마흔 여덟 살까지는 자식들 키우고 가정을 이루느라 고생줄에 묶인다. 그러다 살만해지면 개가 준 십이 년 그러니까 육십까지 개처럼 바람이 나고 가산을 탕진하다가 마는 사람이 허다하다. 원숭이가 내놓은 십 년을 더 사는 칠십까지 정말 인간답게 살려 노력하나 광음은 오래 기다려 주지 않고 우리를 훌쩍 형상 없는 바람으로 만들어 버린다.

수족이 멀쩡하든 아니하든 간에 인간은 자로 잰 듯이 똑같다. 지체가 부자유롭다하여 소외의, 무관심의 대상, 괄시의 존재로 되어서는 안된다.

에덴동산에서 아내 하와로부터 선악과를 얻어먹은 아담에게 하느님이 말씀하시지 않던가! 「너는 먼지이니 먼지로 돌아가라」

이곳 남산에 올라가 시내를 굽어보면 인간이 사는 아파트와 집들의 형 골만 눈에 들어오고 인간은 보이지 않는다. 그것이 바로 우리 인간이다.

장애우 야유회를 보면서 그들을 인간만이 지닌 지혜의 영^{anima} $_{intelectiva}$으로 감싸 안아야 한다는 것을 생각해본다. 천상의 이상세계로 건너가는 망강의 강을 건널 때까지 언제인가 일그러지고 말 자신의 다가오는 날을 짚어보며 따사로운 손길로 장애인 같은 이웃을 보듬어 안아야 한다고 본다.

나보다 못한 이들이 장밋빛 꿈을 꾸고 있기를 바라며 써본다.

미스코리아

전에 TV에 방영된 「대장금」,「여인천하」,「명성왕후」등은 가정주부들에게 매우 인기 있던 프로임에 틀림이 없다. 특히 마흔이 넘은 옛 풍습에 익숙한 여성들에게는 더욱 매력적인 사극인 것이다.

특히 궁녀들 모습이 주연 못지않게 그 조미료 역할을 톡톡히 하며 흥을 돋우고 있다. 조선시대의 궁녀는 사실 그 시대에 있어서 가장 선망받는 직업이었다. 굶기를 밥 먹듯 하던 시대인지라 일단 네 다섯 살부터 궁궐에 들어가게 되면 한 달에 백미 서말 씩 부모에게 월급이 나가고 임금의 마음을 흔들어 승은을 입게 되면 친외가 식솔들까지 벼락출세를 하기도 한다.

이렇게 입궐한 궁녀는 칠팔 세부터 궁궐의 법도를 익히게 되고, 궁궐 들어온지 십오년 쯤 되는 열여덟 살이 되면 궁궐에서 성년식을 하고 남자 없는 결혼식도 올리게 된다. 그리고 삼십 오륙세가 되면 상궁의 자리에 임하게 된다. 바느질이나 요리솜씨가 뛰어나도 궁년가 될 수 있으나 신분이 천하거나 범죄자 집안이거나 하면 불가능하다. 또한 궁궐 생활이 싫다고 마음대로 나갈 수 있는 것이 아니고 죽을병이 들어야만 나갈 수 있었다. 설령 궁녀와 눈이 맞은 나자가 있다 하드라고 곤장 백 대를 맞아야만 궁녀를 데리고 나갈 수 있었다. 곤장은 150센티미터 정도의 박달나무 같은 견고한 소재로 만들어 쓰며, 허리 아래와 무릎 위 사이에 가하는 형벌이다. 멀리 이천 리 밖으로 유배를 보낼 때에도 우선 곤장 백대를 때리는데 이렇게 맞으면 대개 유배지로 가는 도중에 장독으로 사망할 정도로 혹독한 매질인 것이다.

우리나라 여성사를 살펴보면 이렇다.

우선 원시사회에서는 먹는 것이 급선무이기 때문에 여성은 농경, 채집, 토기제작, 방직 등에 종사하며 남녀평등을 누렸고, 풍요와 다산을 중시하던 때이므로 여신으로, 또는 제사를 주관하는 사제가 되기도 하였다. 철기 시대에 들어서면서 쇠로 농기구, 무기를 만들어서 남성은 여타 집단을 복속시켜 재산을 탈취하는 전사역할을 하면서 남성 지위가 향상 되었고, 국가가 성립된 고조선에서는 부인의 정조의무 등 여성이 사회적 규제를 받기 시작하였고 부여에서는 간음을 하거나 투기를 한 여성을 사형에 처하였다.

신라에서는 여성이 세 명이나 왕이 되는 등 남녀평등을 누리며 남성은 전쟁에 동원이 되는 반면 여성이 농업을 담당하면서 가정을 꾸려나갔다.

고려에서는「서류부가혼제도壻留婦家婚制度」라하여 신부집에서 결혼하고 일정한 기간 동안 그 신부집에 머물다가 본가에 가는 여성 우대의 모습이 나타난다. 또한 사위가 치 부모를 모시고, 딸도 똑같이 상속을 받으며, 호적에도 남녀차별 없이 출생순서대로 올리고 남편이 죽으면 아들이 있어도 부인이 호주가 될 수 있었다. 그 시대 중 몽고가 여섯 차례나 침략하던 때에는 고려 여인네는 피부가 곱고 유교로 다듬어진 남성 존중의 사상이 마음에 든다하여 몽고인들이 공녀로 데리고 가 첩질

테라스에 앉아

이나 배필을 삼았다. 고려 후기에는 여성의 부정행위가 이혼사유가 되었으며 간음한 여성은 처벌하고, 혼자된 여성은 재가를 할 수 없게 법으로 금지하였다. 또한 여성은 승려가 될 수 없고 절 왕래도 금지 되었다.

조선시대로 넘어오면서 조선 중기까지는 여성은 고대사회 못지않은 남녀평등의 지위를 누리면서 친정집 제사도 모실 수 있었고 재산권도 주어졌다. 15세기경 처음 발행된 족보를 보면 친·외손자, 남·여 구별 없이 출생순으로 등재하였다. 경국대전에 보면 본처 자식에게는 차별 없이 균등하게 재산을 나누어 주었고, 양인신분의 첩 자식에게는 본처 자녀의 칠분의 일, 천민의 첩자식에게는 본처 자녀의 십분의 일의 재산을 나누어 주었다. 그러던 것이 18세기 들어와 재산권도 남성으로 넘어가고 여성은 갖가지 행동이 규제되었다. 예를 들면 부녀자는 절간 출입을 금지당하고, 산야에서 귀신에게 제사지내는 것도 금지되었으며, 남녀 자유접촉을 금지하기 위하여 가마(교자轎子) 사용을 의무화하고, 폐면이라하여 얼굴을 가리고 다녀야 하며 거리 행사를 보지 못하게 하였다. 세종실록에 보면 노복·머슴이 주인 여자와 간통을 하면 둘 다 교수형·참형에 처한 것이 60여건이나 된다 하였다.

이런 역사를 통하여 가부장제하의 여성의 지위로 전락하게 된다. 결혼 역시 반상班常이나 색色을 따지는 가격家格에 맞아야 혼인을 하는, "문당門當에 호대戶對"라는 속담이 생겨날 정도로 서로 문벌이 맞아야 혼인하는 동제간同儕間의 혼인이 기정사실화 되였던 것이다.

이러한 엄격한 과거사를 거쳐 온 우리는 급격하게 「페미니즘Feminism」

이라는 여성해방 내지 여권신장 운동이 물결치면서 과도기에 무한한 혼돈과 거부 반응 속에 살고 있는 것이다.

여성의 순결과 정조의무가 강조되고, 지배와 복종의 관계에서 여성은 단지 생식을 위해서만 성이 존재하고, 남근 숭배적 속성 속에서 여성은 수동적, 순종적 존재로 살다가 이제 이러한 고정관념은 급물살을 타며 허물어지고 있다.

오늘날 서비스업 중심의 3차 산업이 살이 찌고, 일확천금의 불로소득 계층이 늘고, 정경유착에 의한 기업의 접대문화가 관례화 되고, 정부의 소극적인 매춘정책, 과거 독재정권의 소위 3S(스포츠, 오락, 섹스)라는 우민화 정책 등으로 매매춘이 극성을 부리고 있다. 어느새 혼전 성경험, 순결론에 대한 재조명이 필요한 시대가 온 것이다.

과거 어머니는 희생과 사랑이라는 이름으로 포장되어 억압되었다. 어머니는 자녀의 생명을 보존하고, 자녀의 신체적, 정서적, 지적 성장을 책임지면서 인정받는 자녀로 양육해야할 의무를 수행하는 그런 존재로 음지에서 슬픔을 안으로 삭이며 살아야 했다.

그러나 오늘날은 매매춘이 성행하고 여성의 외부활동이 생기를 더하면서 미스코리아 슈퍼모델 등 미인 선발대회 또한 세인의 관심사가 되었다.

이러한 미인대회는 여성의 존재가치를 외모와 직결시키는 그릇된 관습을 노골화 시켰고, 외모가 여성상의 기준인양 인간 내지 여성의 가치기준이 왜곡되고 있으며, 예뻐지기 위하여 성형수술을 하는 등 비생산적 영역에 여성인력은 낭비되고 있고, 무조건적 서구형 미녀를 모방하는 등 미의 기준이 애매모호하게 된 것이다.

 이러한 선발대회는 아예 TV 등 실황 중계방송을 중지한다든가, 여성의 성상품화 행사를 폐지하여야만 될 것으로 본다. 그리고 기왕 미인대회를 할 것 같으면 여성의 인격 등 내면성에 초점을 두는 것이 좋겠고, 우리나라 여성의 표준에 가까운 165센티 안팎의 여성을 선발하여 한복도 어울리고 거부반응도 없는 한국형 미녀가 좋을 듯싶다. 선반되는 여성 대부분의 키가 175센티씩이라면 우리네 정서와는 거리가 먼 것이 아닌가 싶다. 또한 경험 철학자 베이컨의 「4대 우상론」 중 「시장의 우상」에서 말하듯이 비판 없이 납 성분덩어리 외제 화장품으로 얼굴을 덧쒸운 상태에서 미스코리아를 뽑아 후회하느니 차라리 화장을 절대 금지한 상태에서 뽑아보면 어떨까싶다.

윔블턴 테니스와 힝기스

윔블던은 영국 런던에서 남서쪽으로 약 13킬로 떨어진 교외에 위치한 고급 주택지대 이다.

이곳 처치로드에서는 테니스 그랜드슬램대회 중 꽃이라고 불리는 윔블던테니스대회 즉 전영국테니스선수권대회가 매년 영국 크리켓크럽 주최로 초여름에 열린다. 그런데 이 대회는 선수들이 흰색 옷만 입어야 하는 전통을 고수한다.

1877년 창설되어 올해로 120주년이 되는 가장 오래된 대회로 그야말로 테니스 선수들에게 그곳 코트에서 한번 시합을 해 보고 싶은 선망의 대회이기도 하다.

특히 공에 가속도가 붙는 잔디코트에서 유일하게 경기가 벌어지기 때문에 1년 내내 잔디를 정성껏 가꾸어 개장을 하게 되고 시합이 끝나면 온통 잔디가 파여 나가곤 한다.

이 대회 이전엔 프랑스 등에서 다른 명칭으로 비슷한 유형의 경기가 열리긴 하였으나 실제로 「테니스」라고 이름이 붙여진 것은 영국에서 이 대회를 개최하고부터이다.

6. 23부터 시작된 이 대회는 2주간 동안 계속 되었다. 보도에 의하면 초반 입장료가 15만원 이상, 결승전은 50만원 이상이나 된다.

이 대회 히로인은 여자 결승에서 우승하여 윔블던배를 거머쥔 16세의 소녀 마르티나 힝기스이다.

그녀의 신상명세서는 1980. 9. 30생이고, 슬로바키아 코시세에서 태어나 현재는 스위스 국적을 가지고 있으며 키168센티, 몸무게 54킬로, 1994. 10에 프로에 입문하였고, 현재 여자 테니스 세계 1위로 랭크되어 있다.

힝기스가 16세의 어린나이에 우승한 것은 1887년 당시 15세로 우승한 샬럿도드 이후 110년 만에 있는 세기적인 쾌거이다.

힝기스는 금년 시즌 44전 43승으로 유일한 1패는 '97 프랑스오픈테니스대회에서 크로아티아의 이바 마욜리에게 패한 것인데 당시는 힝기스가 무릎 수술을 받은 직후의 1패이다.

힝기스는 1997. 7. 6 이 대회 센터코트에서 벌어진 결승전에서 노브트나를 2대1로 일축하면서 우승하였다. 입추의 여지없이 모여든 관중들로부터 기립박수를 20여분 이상 받으며 영국 왕실 공주로부터 웜블던배를 받아들고 그녀 특유의 반짝이는 눈, 해맑은 얼굴로 여유있게 코트를 돌며 세계 각국에 위성중계 되는 TV의 포토 세례를 받는다.

정교한 코너웍, 포핸드 스트로크, 베이스라인 플레이, 한 박자 빠른 스피드를 주무기로 세계를 발아래 두게 된다.

'97 호주오픈테니스대회 우승에 이어 다시 세계를 제패함으로써 산소덩어리 같이 싱싱하고 앳된 힝기스시대가 열린 것이다.

그야말로 세기의 요정이요, 테니스인들의 우상으로 떠오른 것이다.

힝기스의 어머니인 멜라니는 자신이 테니스로 대성하는데 실패하자 남편이며 힝기스의 생부인 테니스코치 캐롤을 슬로바키아 빈민촌, 월세 10달라짜리 아파트에 남겨둔 채 그와 이혼하고 힝기스가 프로선수로 대성할 수 있는 스위스 이민을 감행하고 그곳에서 현 남편을 만나게 된다.

그녀는 힝기스를 테니스 스타로 키우기 위한 불타는 욕망으로 가득찬 나머지 이름도 당시 세계 랭킹 1위인 마르티나 나브라틸로바의 이름에서 마르티나를 따와 힝기스를 "마르티나 힝기스"로 바꾸면서 까지 힝기스에 대한 집념으로 꽉 차 있었다.

독일의 괴테는 "자신의 부족한 것을 아들에게서 보충하겠다는 욕망은 모든 아버지의 경건한 소망이다"하고 한 말이 생각난다.

힝기스는 금년 4. 22. 스위스 동부 집 부근에서 친구의 말을 타다 떨어져 왼쪽무릎 인대수술을 받지만 오뚜기 처럼 그 다음날 목발을 짚고 걷기에 들어가며 4. 30부터는 집안 코트에서 다시 라켓을 잡고 발걸음을 떼며 스윙연습에 몰입한다. 아일랜드 작가인 골드 스미스가 "우리의 최대 영광은 한 번도 패배하지 않은 것이 아니라 넘어질 때마다 다시 일어서는 것이다"라고 한 말에 들어맞는 정신력의 소유자인 것이다.

힝기스의 승부근성, 간간이 웃어 보이는 여유 — 이것이 힝기스의 경기 모습이다.

우승하자마자 "말을 다시 타게 돼 기쁘다"고 할 정도로 순박한 16세 소녀이지만 현대를 살아가는 우리들로서는 미국의 시인 롱펠로의 말처럼 "모든 것은 참고 견디는 자에게 돌아간다"는 진리를 실천하고 있는 힝기스에게서 배울 바는 너무도 많은 것이다.

「손자」와 함께 중국의 2대 병서로 꼽히는 「오자吳子」에 "싸워서 이기기는 쉽지만 그 자리를 지키기는 어렵다"고 하였지만 억척같은 어머니 밑에서 정신무장이 완벽한 힝기스는 당분간 세계 1위를 고수하게 될 것으로 보인다.

상념의 뜨락

나의 시론
우리 사회의 부정의한 모습
서울 스모그는 치유되어야 한다
모그룹사건 청문회를 보며
새날에 바란다
뇌물
미국대통령의 의자
지금 행복하십니까

나의 시론

이씨 조선 선조때 대제학, 판서를 지낸 청련 이후백은 「청련 문집」에서 "세 시렁 넘은 글을 읽고, 시부詩賦를 쓴 종이를 태운 재가 한 말 정도는 되어야 그 시부가 아름답다"라고 쓰고 있다.

더구나 동양의 고전을 읽지 않고서는 좋은 글을 쓸 수 없다고 평론가들은 말한다.

나는 이렇듯 좋은 글을 위하여 심히 정진하였다고는 볼 수 없다. 다만 시경, 서경, 논어, 맹자, 중용, 대학, 장자 등의 유수 고전은 나름대로 정독을 하였다.

무릇 시라는 것은 가장 간결한 문체 내지 글자로써 독자로 하여금 깊은 감흥을 되새김하게 할 수 있어야 한다고 본다.

또한 시는 얼핏 읽어 곧바로 이해할 수 있는 것이 보편성을 가진다고 볼 수는 있으나, 자신의 주변, 자연환경, 시대 상황을 배경으로 하여 씹으면 씹을수록 감동이 더 하는 깊이 있는 시 조금은 난해하다고 볼 수 있는 시가 오히려 더 오래도록 독자의 가슴에 남아 있다고 본다.

어느 정도의 모호성, 애매성은 시의 본령일 수도 있다.

기실 한퇴지가 쓴 「진학해」에 나오는 말처럼 "짙고 향기 높은 술맛에 빠지듯, 꽃망울을 입에 물고 꽃잎을 씹어 맛보듯 한 글"을 쓴다는 것은 구만리나 되는 긴 여정을 밟아야 이룰 수 있다고 본다. 쓰다버린 원고지가 지붕 용마루에 다을 듯 하도록 쪼개고 밀고 닦고 갈아야 명징明徵한 글이 될 수 있다.

「시경」에 나오는 구전되는 민초民草들의 시문에 이르려면 날개의 힘이 다해 곤두박질할 때까지 쓰고 또 써야 할 것이며, 그래야만 꾀꼬리가 숲속을 자맥질하는 모습의 글이 창작될 수 있다고 본다.

달빛이나 바람 소리처럼 맛깔스런 자태로 흘러넘치고 부드러운 기운이 함께 사는 시를 쓰지 못하면서도 시인입네 홍수처럼 마구잡이로 다작의 시를 쓰는 사람이 얼마나 많은가 개탄하지 않을 수 없다.

문학평론가 유종호는 「시란 무엇인가」에서 "시인이란 제 1언어와 사랑놀이를 평생토록 지속하는 사람이다"라고 말하였다.

나는 이 말에 너무 깊은 감명을 받았고 또한 시인의 자세에 대하여 자신을 뒤돌아 볼 수 있는 좋은 기회가 되었다.

나도 나의 시집 「밥통아 숙맥아」에 실린 「후포에서」 한 편을 완성하는 데 6개월이 걸렸다.

시는 다른 어떤 언어로도 대체될 수 없는 시어를 찾아야 한다. 현대시는 얄팍한 상념의 희롱이나 단어의 나열만으로 창조될 수 없으며, 영혼이 숨 쉬는 생명력 있는 시라야 한다. 그러기 위하여는 어느 작품이든 여러 사식에 주는 모정처럼 깊은 애착과 창조성을 가시고 매날녀야 맹아적 힘이 함축된 시가 나오며 또한 언어의 정수를 맛볼 수 있다고 본다.

홍윤기는 「시창작법」에서 "시인은 발표의 자유와 동시에 자기 작품에 대한 책임을 져야 한다."라고 하였는바 이 또한 위와 같은 맥락에서 한 말인 듯 싶다.

클린스 브룩스$^{C. Brooks}$는 「잘 빚어진 항아리」에서 "시의 언어는 역설^{paradox}의 언어이다"라고 하였듯이 독자에게 미묘하고 짜릿한 충격 요법이 가미되어야 하고, 「나」로 지루하게 자신의 경험을 표출한 것처럼 보이지 말고 퍼스나^{persona}(가면의 탈)를 통해서, 메타포^{metaphor}(은유)를 적절히 조절하고, 쾌미음의 반복^{euphony}을 구사해야 가장 완벽한 언어의 발언을 할 수 있으며 독자는 그 에 따라 가슴 속에서 은은한 선율의 음악을 감상할 수 있다. 그래야만 무문농필舞文弄筆의 탈을 벗고 쓴 소리를 듣지 않는 시인의 대접을 받을 수 있다고 본다.

시인은 모름지기 백일기도를 올려 옥동자를 얻는 심경으로, 부처님 불상에 마지막 점안을 하는 것처럼 정서와 절제 깊은 속앓이를 한 뒤에라야 자신의 어머니 같은 유일한 단어를 찾아낼 수 있다.

금방이라도 뛰어들고 싶은 짙푸른 강물 위에 청둥오리가 그리는 파문처럼, 세월이 깎아준 매끄런 강돌처럼, 나목裸木에 돋는 새싹의 향기 같은 시를 쓰기 위하여는 이렇듯 깊은 고뇌와 인생의 산 경험이 뒷받침되어야 한다.

우리 사화의 부정의不正義 한 모습

부정의에 대하여 사전적으로 설명하면 의리나 정의에 어긋나고 바르지 못하고 옳지 못한 것을 의미한다.

또한 통상적으로 반국가적, 반사회적, 반개인적이며 아울러 사회통념이나 공서양속公序良俗에 벗어나는 반윤리적, 반도덕적인 일체의 행위를 지칭한다.

우리는 20세기의 마지막 연도에 살고 있다. 인간이 인위적으로 만든 시간의 단위이지만 20세기를 보내면서 사회의 제반 부정의를 짚어보는 것은 의미있는 일이 아닐 수 없다.

20세기는 국외적으로는 제1차 세계대전, 일본의 아시아제국 침탈·히로시마 원폭 투하에 의한 일본의 무조건 항복, 나치의 유태인 학살, 닐 암스트롱이 달에 처음 인간의 족적을 남긴 아폴로 11호의 달 착륙, 존 에프 케네디 미국 대통령의 피살, 라이트형제의 인류 첫 비행, 신종 불치병 에이즈의 확산 만연 등 그야말로 흥분과 격동, 명암이 교차하는 세상이었다.

국내적으로는 일본의 침탈에 의한 500년 조선왕조의 몰락, 민족문화 말살, 강대국의 신탁통치에 의한 인위적 영토 분할, 이승만의 반쪽정부 수립, 김구 선생의 암살, 동족의 가슴에 총부리를 겨누고 역사의 수레바퀴를 거꾸로 돌려놓은 6.25 동란, 4.19 학생 의거, 5.16 쿠데타로 시작된 안보를 빌미로 한 군부독재·장기집권, 12.12 군사반란에 의한 군부의 정권 찬탈, 부정축재, 문민정부의 무능과 안일무사, 3할 남짓 지지의 직선 대통령, 끊이지 않는 정경유착의 고리, 거리로 나온 노동자들의 분규 등 실로 필설로 다 짚을 수 없는 격변의 사건들이 부침하는 세기를 우리는 견디어 왔다.

이런 외침과 변란이 점철되면서도 우리 특유의 국민성으로 절대적 빈궁을 타파하는 빛나는 발전을 이룩한 것은 사실이다. 그러나 산업화의 물결로 농촌의 대가족·공동체 사회가 무너지고 급격한 도회화^{都會化}로 구성인들은 인성^{人性}이 타락 상실되어 전통적 윤리 관념은 뿌리째 흔들렸다.

이같은 사회적 변모에서 발원된 부정의를 씻어내고 실천적 차원으로 고양하기 위하여 부정의한 모습들을 고찰 검토하는 일은 우리가 직면한 절실한 요구라 하겠다.

우리 사회는 어느 구석이나 성한 데가 없이 고름으로 가득 차 있어 실로 그 모습을 모두 들추어내기는 불가하다 하겠다. 그래서 그중 몇 가지만 대별하여 짚어보고 이에 대한 해결책이 있는가를 상론해보자.

우선 정치분야의 부정의다. 진정한 민의를 대변하여 국민의사와 대리권을 행사해야 할 관료, 선량^{善良}의 이합집산과 정쟁, 정치자금으로 호도하는 부정축재, 국민을 무시한 권력형 변명과 부정, 각족 이권 개입, 지역감정의 조장, 지역편중 인사 상탁하부정^{上濁下不淨}의 진리를 등진 하급 공무원에 대한 무조건적 청렴 정화의 강요, 그 후유증인 냉소와 복지부동, 독직 사건의 빈발과 연속을 들 수 있다.

다음 경제분야를 본다. 끊어지지 않는 정경유착의 고리, 비자금 조성과 탈세, 정치권·금융권과 유착한 대기업주의 조·억 단위 부정대출, 해외별장의 향유, 부동산투기 등의 사복 채우기, 필히 부수되는 부실공사, 중소기업 도산 등이 있다.

세 번째는 사회분야이다. 뇌물의 관행화, 인륜의 타락, 사치, 불우이웃에 대한 무관심과 멸시, 성윤리의 서구화, 기초질서의 붕괴, 안일한 사고에 의한 과실범의 급증과 안전불감증, 각종 범법 및 극악 흉악 범죄의 급증과 국민의 무자각증과 자포자기 등을 눈으로 보게 된다.

네 번째는 교육분야이다. 고려공사삼일적 교육부행정, 인사 불공정, 교수 채용시 금품수수, 내신성적조작, 학교시설 신개축과 부교재·교복 구입 시의 이권 개입·뇌물수수, 학부모와 유착된 성금 모금과 비리 등을 들 수 있다.

다섯 번째로 종교분야에 대하여 얘기하면 사이비 종교의 창궐, 종교·계파간 분파와 모함, 정치권력과의 밀착, 종교의 상품화, 집단이기주의화 등이다.

여섯 번째 언론분야인데 매스미디어에 의한 매스커뮤니케이션이 실로 사회에 끼치는 영향은 대단하다. 그러나 독버섯처럼 숫는 사이비 언론, 정부외의 야합·아부, 공정성을 잃은 편중인사와 보노, 외국 눈불의 여과 없는 도입, 오락적·선정적爛情的 프로방영, 그에 따른 국민우민화 저질화, 이권개입·보복성 보도 등이다.

이상과 같이 짚어본 것은 그야말로 빙산의 일각일 뿐이다. 이렇게 비리가 만연된 사회를 그냥 방치할 것인가 이 또한 우리의 시급한 과제

요, 사명인 것이다.

그러나 아무리 좋은 방안이 제시되고 금과옥조의 법이 제정된다 하더라고 국민 모두의 의식구조의 근본 변화가 따라 주지 않는다면 이는 공염불일 수밖에 없다. 또 이 사회에서 해결책을 몰라 비리가 사회에 만연되고 방치된 것이 아니라는 것은 누구나 다 아는 일이다.

아리스토텔레스는 "인간의 최고선最高善은 행복이며, 이 행복이란 인성人性의 이성적 합리적 활동인 덕德이고, 덕은 중용中庸이다"라고 했다. 그는 또한 영혼을 영양의 영혼anima vegetativa, 감각의 영혼anima sensitiva, 지혜의 영혼anima intelectiva으로 구분하면서 영양의 영혼과 감각의 영혼은 동물 모두가 가지며 '앎과 선과 미의 통일' 즉 지혜를 끊임없이 지향 추구하는 것이라고 했다. 그러므로 우리는 생명 유지만을 위한 파토스적 삶(동물적 삶)을 지양하고 지혜를 추구하는 로고스적 삶(인간적 삶)을 추구해야만 하는 것이다.

인간 사회의 부정의의 발원은 '돈, 명예, 성욕'이라고 볼 수 있다. 백낙천은 "인생이 부귀로서 낙을 삼는다면 좀처럼 낙을 누리지 못한다. 낙을 누리려면 모자라는 가난한 생활 속에서 자기 분에 맞는 즐거움과 기쁨을 찾는 것이 최상이다."라고 했다.

플라톤의 말처럼 우리는 시공을 초월한 상재불변의 천상세계(이데아계)에서 렛데lethe강(망강의 강)을 건너 변화무쌍한 가상세계인 지구상에 왔다.

백구과극白駒過隙(흰 망아지가 틈을 달려 휙끗 지나가다라는 뜻으로 세월이 대단히 빠름의 뜻)의 삶을 살다가 육체는 지구상에서 부멸하게 버려두고 영혼만이 다시 망각의 강을 건너 영생의 천상세계로 돌아가는 것이다.

지금도 시골에서 하늘의 뜻에 따라 하늘을 가장 가까이서 섬기면서 농작물 값이 경비도 모자랄 정도로 턱없이 하락하여도, 뙤약볕에 그을리며 이름을 흙살에 묻고 한마디 불평도 없이 아무 하소연 없이 묵묵히 생의 밭을 가는 농촌의 지고지순한 사람들을 생각할 때 우리가 얼마나 부끄럽게 살고 있나를 돌아보아야 한다.

일용근로자, 막노동자, 시금치 몇 단을 놓고 팔고 있는 길거리 행상 - 그들에게 각종 비리와 금권욕이 주는 영향을 생각해 보라. 맥이 풀리고 손끝이 풀려 그나마 일상에 종사할 힘이 생기겠는가.

무량무수無量無數한 부정, 불의는 결국 정부차원의 혁신, 정치권·국민각자의 윤리관, 가치관, 철학의 정립과 실천만이 그 해결책이요, 나라를 구하는 길이요, 구도자의 행보인 것이다.

서울 스모그는 치유되어야 한다

1970년대, 찢어지게 가난한 생을 허덕이며 걷던 시절에 우리는 풍족한 생을 구가할 날을 고대하였다. 그러나 막상 생활이 윤택하여져 문명과 문화의 햇살을 받으면서부터 준비 없는 환경오염에 직면하게 되었다.

각가지 유형의 구렁에서 허덕이고 있는 우리는 특히 가족 중 거의 모두가 관련이 있는 서울 전역에 수시로 나타난 오존주의보 즉 자동차 배기가스에서 나오는 탄화수소와 이산화질소가 태양과 반응할 때 발생하는 오존에 노출되어 인체에 극심한 해를 주는 주의보가 우리를 한숨스럽게 만든다.

지난 서울시장 선거 시 각 후보들이 서울의 교통문제에 대하여 저마다 소위 공약을 제시하였으나 하나같이 인기에 영합하고 유권자를 의식한 때문인지 획기적이고 과감한 시정방향은 전혀 없는 한심한 공약뿐이었다.

서울은 우리 인구의 4분의 1 이상이 모여 사는 곳이고, 국가중추기관과 인재가 빼곡한 곳이다. 서울에 사는 사람들은 너나없이 차단된 태양빛으로 피부는 창백하며 탈색되고 산소 부족으로 입술이 파랗게 질려 있다.

그 주범은 무엇인가. 더러운 수돗물 여과과정의 강한 투약도 문제겠지만 그 원인은 자동차·매연일 수밖에 없다.

　서울 거리를 단 5분만 걸으면 얼굴에 셔츠에는 어김없이 숯검뎅이 같은 먼지가 쌓인다.

　학교에서 테니스를 치고 온 아들의 콧구멍이 굴뚝처럼 시꺼멓게 그을리어 있는 것을 보고 나는 아들의 운동을 중단시킨 일이 있다. 서울 집에 가면 숨이 답답하여 하루 이상 머물 수가 없다.

　우리나라는 기름 한 방울도 부존되어 있지 않으며 지구의 모든 것이 그렇듯 중동의 원유도 언젠가는 동이 날 것이다.

　서울은 진종일 러시아워가 되어 버렸고, 중소도시도 러시아워가 몰려 왔다. 고등교육을 받은 사람도, 새파란 젊은이도, 아녀자도 혼자서 차를 몰며 무감각 상태에서 아무런 부끄러움 없이 대기 속으로 이 시간에도 가공할 양의 기름을 까시르고 있다.

　우리나라에서 수입하는 원유값은 우리나라 1년 예산의 대부분을 차지한다. 이런 상태에서 외형만 수출이 얼마다라고 외치면 이 무슨 소용인가.

　사람도 자연 생태계의 일부이다. 자연이기 때문에 사람을 「자연인」이라 별칭하고 있고 자연과 같이 호흡하며 자연처럼 살아가야 한다. 나무와 풀, 꽃과 새, 물과 공기와 함께 그들처럼 생존해야만 한다. 인간도 그들과 한데 얼려 자연스럽게 낳고 자라고 생활해야 한다.

　우리 인간에겐 누구나 그런 권리가 있다, 그러기에 파괴된 환경을 만들며 독극물을 마시고 썩은 대기를 호흡하면서 살아감은 자연의 숭고한 의미에 역행하는 일이다. 제초제에 말라버린 풀처럼 시들어버린 서울, 그리고 서울사람- 그들은 반드시 구제되어야만 한다.

　서울 스모그는 대승적 차원에서 국민들의 생활에 제약이 따르더라도 반드시 국가정책으로 해결해야할 심각한 문제다.

　모든 국민에게는 헌법상으로도 행복추구권이 있다. 그러기에 멕시코에서 대기오염에 대한 비상사태를 선포한 것처럼 대통령의 통치권의 일부로 다루어져야 한다.

　우리같이 좁은 국토에서는 결코 자동차의 보유량이 문화의 척도요 지표일 수는 없다.

　서울 등 도시의 교통난, 공해난을 해결하지 못한다면 이 시각에도 서울의 가로수와 참새, 그들을 보는 사람들 모두가 시커멓게 먹물을 뒤집어 써야하고 국민들은 시름시름 병들 수밖에 다른 도리가 없다.

　검찰통계에 의하면 연간 1만2천명 이상의 생생한 목숨이 거리에서 교통사고로 숨져가고 있고, 35만 명 이상이 부상을 당한다.

　서울을 검게 만드는 주원인인 자동차 배기가스는 쾌도난마의 국가정책이 입안 시행되어 해결돼야 한다.

　그리하여 서울의 하늘 스모그는 반드시 맑은 하늘로 치유되어야만 한다.

모그룹사건 청문회를 보며

　우리는 얼마 전 세인의 이목을 집중시킨 모그룹 사건 청문회에 이번에는 진정 그 아픈 부위를 도려낼 수 있을까 큰 기대를 걸며 허탈한 마음을 달래려 했으나 증인들의 하나같은 허위 증언으로 채널의 등을 돌려 버린 바 있다.
　나라가 시끄럽고 국민은 헤칠 수 없는 혼돈과 실망 속에 살고 있다.
　수의를 입고 청문회장에 등장한 모그룹 총회장, 팔순고령으로 거미가 기어가는 듯한 걸음걸이로 들어와 앉아서 부인과 무답으로 일관하면서도 때로는 모그룹을 어엿한 기업으로 우뚝 반석 위에 올려놓겠다는 의욕 아니 탐욕을 보였다.
　그 총회장은 아직 인생으로 치면 풋과일 같은 그 아들을 그 그룹 회장에 앉혔다.
　송나라의 명재상인 사마온공司馬溫公은 그가 쓴 수필 「독락원기獨樂園記」에서 "뱁새가 숲에 보금자리를 만드는데에 필요한 것은 나무 한 가지에 불과하고 두더지가 강물을 아무리 마셔도 작은 배를 채우는데 불과하다."라고 했다.
　또한 아무리 가인佳人의 눈썹이 아름답고 치아가 희어도 그 눈썹이 흡사 흐트러진 실같이 하얗게 되어 버리고 치아가 누렇게 썩어 버리는 것은 참으로 잠깐 동안인 것이다.

자신의 기업 아니 욕망을 충족시키려고 그 원줄기를 찾을 수 없는 칡넝쿨처럼 닥치는대로 마의 손길을 뻗쳐 매수한 사람이 끝이 없으니 그저 마음이 공허할 뿐이다. 그것도 백성들이 무지개 같은 작은 소망을 날마다 꿈꾸며 한푼두푼 저축한 돈을, 우리나라 총예산의 십분지일에 가까운 엄청난 돈을 끄집어 안고 그 돈으로 권력층에게 삐라처럼 살포하였으니 하늘 아래 이런 일을 누가 전에 보았던가.

나라의 장래가 암울해지려면 이런 무지몽매한 자가 나타나는 것이고 공인들이 부패의 고리 안에서 빠져나가지 못하는 것이다.

그 총회장은 마치 천년 뒤의 일까지 걱정을 잠시도 잊지 않고 살고 있는 것이다.

청문회에 나오는 모든 사람들은 개구리를 앞에 놓고 독사가 혓바닥을 날름거리는 것처럼 진실은 뒤로한 채 마음을 꿰뚫는 독심경, 천리안이 없다 하여 인간의 본질은 잃어버리고 거짓으로 온 국민을 어지럽히고 가슴을 끓게 한다.

대통령의 측근들, 대통령이 되고자 하는 등룡지망생, 고위공직자들, 국회의원 등 끝도 없이 뇌물을 주고받고 기생집에서 향응을 주고받는 사례가 고름 터지 듯 봇물 터지 듯한다.

어디를 지나야 구린내가 없어질지 도무지 요순 임금의 나라는 찾을 길이 없다.

사서의 하나인 「중용中庸」에 보면 "국가가 멸망하려고 하면 그때에는 반드시 요사스러운 징조가 생긴다. 가령 관리가 부패하거나 사교邪敎가 생긴다."고 하였다. 또 「논어」에는 "훌륭한 대신이라는 것은 정도로 임금을 섬기고 그것이 불가능하면 그만두어야 한다."고도 했다.

위와 같이 비리에 연루되는 그런 사람들은 새벽을 털며 거리를 누비는 미화요원, 묵묵히 모래짐을 지는 노동자들, 마스크를 쓴 채 일하는 산업 현장 근로자들, 시금치 몇 단을 길바닥에 놓고 파는 농촌 노파들의 가슴에 망치로 못을 박고 있는 것이다.

「고문진보」에 나오는 초나라 애국시인 굴원屈原이 문답식으로 쓴 「어부사」에는,

"굴원이 부정과 타협을 아니하다가 삼려대부에서 쫓겨나 상강湘江가를 걷는데 어부가 나타나 굴원에게 '세상 모두가 흐려 있거든 결백한 지조 따위는 안으로 감추고 어째서 그들을 따라 함께 출렁이지 못하는가, 뭇 사람이 모두 이욕利慾에 취해 있거든 안 취했어도 취한 척, 어째서 지게미 씹고 밑술을 들이마시지 못하는가, 깊은 생각 높은 지조 어이 내세워 그 몸을 그 지경으로 만드는가.'라고 하자 굴원은 '새로 머리를 감은 사람은 갓의 먼지를 털어서 쓰고 새로 몸을 씻은 사람은 옷을 털어서 입는다고 들었소. 어찌 이 깨끗한 몸에다 그 더럽고 욕된 것을 받아들일 수 있단 말이오. 차라리 상수에 몸을 던져 고기의 뱃속에다 장사지낼망정, 희고 맑은 이내 몸이 어찌 세속의 더러운 먼지를 뒤집어 쓸 수 있겠소.'라고 하사 어부는 '창랑의 물 흐리듯 어지러운 세상이라면 벼슬길 버리고 세상 물에 발이나 씻으리.'라고 뱃전을 두드리며 노래하며 떠나갔다"는 내용의 이야기가 나온다.

기막힌 현실 속에서 몇 번이고 되뇌어도 오히려 부족함이 없는 빼어난 말이 아닐 수 없다.

생로병사生老病死의 길, 바람이 불지 않아도 떨어지는 낙엽과 같은 인생길을 걸어가면서 우리는 욕기慾氣를 버리고 관조하면서 해탈과 열반, 견성見性을 이루는 명징한 심경을 늘 가슴속에 지니고 살아야 할 것이다.

새날에 바란다

　벌써 을해년의 빛 잃은 해가 뉘엿뉘엿 스러지고 병자년 새날 태양이 붉게 솟았다.
　돼지해에 삼천갑자(18만 년)를 살았다는 동방석이처럼 무병장수하고 복이 듬뿍한 달덩이 같은 아들을 낳아 살아 보자고 희망찬 설계를 하던 신혼부부에게도 스쳐가는 바람인양 금세 삼백예순날이 그 곁을 아니 우리 곁을 떠났다.
　사람의 행로가 이같이 꿈결인 듯 덧없음을 나이가 들수록 더더욱 절절이 느껴짐은 일월의 흐름이 화살 같아서인가. 돌이키건대 지난해는 모두에게 격랑과 시련으로 점철되었다고 하면 적절한 표현인 듯싶다.
　두 전직 국가 원수가 그 화려했던 날들을 무상히 마감하고 싸늘한 계절에 차가운 쇠창살을 붙들고 통곡하는 영어圄圉의 몸으로 전락하고, 높은 신분임에도 황금덩이에 눈이 먼 부질없는 사람도 줄을 이었다. 평범한 우리에게 슬픔과 오욕의 과거사를 되씹게 하는 허탈과 아픔만을 던져 주었다.
　발전하는 사회에 역행하며 위로 손을 비비고 아래로 눈 속여 치부하는 부실공사 현장의 번지르르한 재벌들의 서글픔도 맛보았다.
　하품하고 일어나면 날로 바뀐 문명세상의 극치를 향유하면서도 정신적으로는 미진아로 남아 있는 비웃음거리 우리들의 얼굴로 서로 보며 쓸쓸해하였다.

그러기에 새해 새날이 되니 이런 글귀가 문득 새롭다.

비운으로 39세에 요절한 역사학자 김성칠이 써 두었던 6.25 일기집 「역사 앞에서」라는 책에 보면 죽기 한 해 전인 38세의 그는 민족의 대란이 발발하던 1950년 정단元旦에 "사소한 일이라도 먼 앞날을 헤아리고 인생의 깊은 뜻은 생각해서 말하고 행할 일"이라고 새해의 맹세를 적고 있다.

이렇듯 너와 나는 다음 해를 다시 맞을지 예측불가의 한계성을 지닌 채 그저 살아가고 있긴 하나 그래도 신년을 맞으면 무지개를 타고 가는 화사한 다짐을 한 번쯤 가져 보기 마련이다.

새날이 왔으니 우리는

첫째 검소하게 살아가는 슬기를 가지자.

우리의 지난날을 되돌아보면 현재의 질 좋은 삶의 초석은 우리의 아버지, 어머니 조상들이 다져 준 결실이다. 생각해보라 그분들이 얼마나 검약으로 생을 짚어 갔는가, 없음에도 있음의 창출을 위하여 무식해서 해박한 자손을 빚기 위하여 얼마나 허리끈 졸라매며 뙤약볕에 살을 끓이며 살았던가 말이다.

내 아들이 집이 있는 서울까지 보통 충주로부터 네 시간 이상이나 소모된다. 옛날 비포장 흙먼지 도로를 터덜거리던 완행버스를 탔을 때도 그 시간이면 넉넉하고도 남을 시간이다.

빌딩과 가로의 휘황한 불빛, 대낮같은 여의도의 밤빛, 숨이 막히도록 길게 늘어선 자가용 군열, 가다서다 계속 브레이크를 밟느라 터져 나오는 짜증스런 적색 불빛-이 모든 것이 결코 풍요의 상징만일 수는 없다. 그 순간에도 석유 한 방울 나지 않는 나라의 국민인 우리는 가공할 양의 기름을 거리에서 허공으로 사정없이 아무런 느낌도 없이 까시르고 있는 것이다.

둘째 바른 정신으로 살아가자.

남을 속이고 남의 것을 소드락질하고 남을 험잡고 남을 욕되게 하며 살지 말자. 법이 없어도 되는 사회와 법이 무시되는 사회 중 어느 것을 취택할 것인가. 우리에게 찾아 올 문명과 문화의 이기는 마땅히 올바른 마음가짐으로 반길 때 그 빛 또한 더욱 찬연하기 마련이다.

셋째 나보다 국가와 민족을 생각하며 살자.

예를 들어 지난해의 일만 하여도 그렇다. 전에 전직 대통령의 범죄와 비리의 처단에 대하여 언론이 보여준 태도의 결과는 국민에게 불안과 혼돈, 그리고 범죄 불감증만 안겨 주었다 하여도 과언이 아니다.

매일 톱뉴스로 장시간 동안 매스미디어를 장식해 버린 비행 수사에 대한 그들의 보도가 그것이다. 상세하게 「전직 대통령들은 이러이러한 범법행위로 구속수사 중이다.」라는 설명 보도 한번과 「종합수사 결과는 다음과 같다.」라고 한 번 더 보도하면 그 뿐이다. 또 언론이 수사를 추측하거나 앞선 보도를 한다고 득이 된 일이 과연 무엇인가. 매일매일 호구를 위하여 그야말로 개미처럼 정성스럽게 살고 있는 국민들에게 그 같은 매체 동원이 주는 위기감 위화감의 영향과 파문을 고려해 보았는가.

각설하고 내가 피어나 조상을 이어 작금을 살아가는 이 강토와 나라를 위하여 일익이라도 보태는 길은 참으로 무엇인가 한 번쯤 생각하며 살자.

끝으로 실천하며 살아가자.

해마다 이맘때면 너나없이 새로운 약속을 가슴에 새기지만 원단元旦에 꾸민 귀중한 계획이 연중행사가 되지 않도록, 그리고 세모歲暮에 자괴지심自愧之心이 일지 않도록 실행하며 살아 보자.

정월 아침 새날에는 이런저런 바람이 샘솟기에 다짐으로 이어 본다.

1995. 12. 31.

뇌물

나는 검찰청에 근무하면서 미국을 방문한 일이 있다. 나의 관심은 미국의 역사와 풍물이었는데 또 하나는 미국인들이 가장 존경하는 사람이 과연 누구인지였다. 워싱턴과 뉴욕에 거주하는 중류층 남녀에게 "당신들이 가장 존경하는 인물이 누구인가?"라고 물었다. 그들은 서슴없이 "폴리스맨, 경찰관들"이라고 했다.

그 다음은 미국 건국의 아버지인 초대 대통령 조지 워싱턴, 그다음이 미국 독립선언문을 기초하여 미국 민주주의의 아버지로 불리우는 제3대 대통령 토마스 제퍼슨, 그리고 미국의 노예 해방을 선언하였고 「게티스버그 연설」로 유명한 아브라함 링컨 제16대 대통령이었다.

나는 너무도 의아스런 답변에 내심 놀라면서 "왜 경찰관이 가장 존경받는가."라고 물었다. 그들의 답변은 "미국에서는 공무원이 가장 존경을 받는데 그중에서도 경찰관이 으뜸이다. 그들은 주민을 위하여 가히 희생적이길 수 있을 정도로 목숨을 내놓고 봉사하고 있으면서도 청렴결백의 표상이기 때문이다." 라는 것이었다.

우리와는 너무나 먼 거리에 있는 현상인 듯싶다.

사실 우리의 현실은 참 잘사는 나라이다. 그러나 구석구석 훑어보면 잘사는 사람보다는 못사는 사람이 훨씬 더 많은 것 또한 틀림없는 사실이다.

사글세방 신세를 면치 못한 사람, 날품을 팔아 호구하는 사람, 고구마싹 몇 단 애호박 몇 덩이를 놓고 저자거리에서 지나가는 이의 발길에 채이는 사람, 신문팔이 고학생, 포장마차 아주머니, 새벽을 쓸고 있는 미화요원 등등 우리네는 이렇듯 아직도 간고한 생활의 때를 벗지 못하였다.

국가나 지방자치단체에서 복무하는 공무원들이 부정을 일삼아 금품을 챙기고 융숭한 접대를 받고 거드름을 펴며 거리를 활보하는 모습을 생각해보자.

앞에서 열거한 빈민층 또는 하루하루를 자신의 숙명으로 받아들이고 성실하게 생계를 꾸려가는 천진난만한 소위 민초들의 입장에서 보자.

실로 공무원이 자행하는 부정부패는 개인으로서는 현세에서 짓는 죄악이 아닐 수 없으며 저승에 가서 심판받고 다 토해내야 할 업보임을 부정할 수 없다.

지금 우리는 우리의 인생이 마치 천년을 살 것인양 하루도 욕심 없이 사는 날이 없다 하여도 과언이 아니다. 그러나 인간의 삶은 줄잡아 해가 칠십 번 바뀌면 너나없이 모든 것이 「없음」으로 돌아가는 허망한 날을 맞게 마련이다.

장생불멸의 헛된 꿈속에서 불로초를 구하려던 불쌍한 시황제(진시황) 그도 별도리 없이 우리네 나이로 쳐서 오십 세에 생을 마감하였다.

중국 춘추시대의 역사서인 「춘추좌씨전(약하여 "좌전"이러고도 함)」에 이런 기록이 나온다.

옛날 송나라 사람이 밤에 남몰래 자한子罕을 찾아와서 값나가는 옥玉

을 헌상하려고 하였다. 그때 자한은 이를 물리치면서 "너는 옥을 보배로 삼고 있으나 나는 이것을 받지 않는 것으로써 나의 보배로 삼고 있다. 만일에 내가 이 옥을 받게 되면 너는 너의 보배를 잃게 되고 나는 또한 나의 보배를 잃게 된다."라고 말하였다는 고사이다.

오경의 하나인 「서경書經」에는 정치가의 삼덕三德을 일컫고 있는데 그 첫째 덕목이 정직이다. 이는 예부터 정치가나 공무원이 반드시 먼저 솔선하여 지켜야 할 도리가 바로 백성에 대하여 속이지 않고 부끄러움 없이 바르게 공무수행을 하여야 한다는 것이오, 이는 바로 청렴결백을 강조하는 것이기도 하다.

뇌물죄는 공무원의 직무행위를 매수하지 못하게 하고 침해를 당하지 않는 상태에서 염결廉潔한 직무수행을 하여 국가의 기능을 공정하게 발하도록 하는 것을 그 보호하여야 할 법익法益으로 삼고 있다.

뇌물에는 여러 가지의 태양이 있는데 금전이나 재물은 물론이고 유가증권, 금융의 이익, 채무의 변제, 공사의 직무 또는 유리한 지위, 술 음식의 접대, 이성간의 정교情交, 장래에 발생할 이익 등이 그것이다.

뇌물죄는 주는 사람이나 받는 사람이나 모두 처벌을 받게 되며 특히 주고받는 외에 요구하거나 약속을 하는 것도 이 죄에 포함된다.

이렇게 받은 뇌물을 공무소를 위하여 쓰거나 자기의 부하직원의 후생비로 써서 자기의 사복을 채우지 않는다 하더라도 이 죄는 성립하는 것이다.

이 죄를 엄히 다스리기 위하여 일천만원 이상을 수수하면 「특정범죄가중처벌등에관한법률」에 뇌물수수 부분을 포함시키고 있다.

신문기사, TV 등 각종 매체를 통하여 흘러나오는 이 죄에 대한 소식으로 지금도 우리 국민은 깊은 감정의 혼란에 빠져 있다. 어찌 보면 생의 의욕을 상실하였다고나 할까.

어진 이는 재물을 세상에 흩어서 민심을 얻어 자기를 훌륭하게 만들고 그릇된 자는 자기를 멸망시켜 가면서도 재물을 늘리는 법이다.

이 모某 전직 장관의 비리가 불거져 나와 구속되는 등 작금의 참담한 우리 현실을 개탄하며 생각해 본다.

미국대통령의 의자

나는 검찰청에 근무할 때에 이런 사람을 보았다.

검찰청의 기관장으로 있는 모 검사의 사모님은 집에 있는 천오백 원짜리 찢긴 우산살을 고치고 있었다. 아이들의 떨어진 양말을 깁고 있었다. 유명상표가 붙은 비싼 운동화가 시내에 즐비한데도 고무신가게에서 파는 오천 원짜리 싸구려 운동화를 아이들에게 사서 신게 하고 있다. 그 검사는 물론 그 사모님 역시 약사면허까지 소지한 우리나라 명문대학 출신의 엘리트이다.

그 검사의 어머니는 군고구마장수로 그 아들을 검사로 키웠다.

내가 아는 신부님은 15년 전에 사 입은 양복의 깃이 낡아 해어지도록 입고 다니면서 생활에 필요한 최소한의 경비 외에는 모두 털어서 불우한 사람을 위해 쓰고 계신다.

성철 큰스님은 회색 누더기옷을 입으신 채 열반하였다.

이 모든 사실이 짐짓 당연하다고 느끼는 사람이 되어야 한다.

나 또한 그렇게 살고 있다고 함께 박수를 보낼 수 있어야만 한다.

이 사실이 놀라운 일이나 이상한 일이다라고 느껴지는 사람이 되어서는 안 된다.

너무나 없이 살던 시대의 이야기로 들릴지는 모르지만 당나라시인 백락천은 "인생이 부귀로써 낙을 삼는다면 좀처럼 낙을 누리지 못한다.

낙을 누리려면 모자라는 가난한 생활 속에서도 자기 분수에 맞는 즐거움과 기쁨을 찾는 것이 최상의 일이다"라고 말하고 있다.

아파트에 사는 젊은 부인네들이 우리가 보기에는 새것이나 다름없는 멀쩡한 냉장고나 TV상자를 쓰레기장에 서슴없이 버리는 것을 본다. 어디 낡은 곳 하나 없는 옷가지를 분리수거통 옆에 마구 내다 쌓아 놓는다.

내가 살던 시골의 집 앞 쓰레기장은 사금파리 조각과 병 조각만이 눈에 띌 뿐이다. 거기에는 콜라병도 없고 맥주캔도 없고 다른 음료깡통도 없다. 헌옷가지도 찾아 볼 수 없다.

스위스의 사상가인 칼·힐티는 "지혜로운 사람은 돈이 있어도 없을 때와 같이 검소한 생활을 한다. 로마제국의 영화를 허물어뜨린 것은 다름 아닌 로마 시민의 광적인 사치에 있다"고 했다.

나는 가끔 TV에 비치는 미국대통령의 백악관 집무실 의자를 눈여겨 본다. 회전의자도 아닌 네발이 달린 나무의자, 양팔걸이만이 되어 있는 흔한 의자일 뿐이다. 거기 앉아서 매스컴을 떠들썩하게 만들고 거기 앉아서 세계를 움직이는 구상을 하고 공문서에 서명을 한다.

그 의자는 대통령이 앉아 있으면 책상과 대통령의 몸에 가려 의자가 보이질 않아 의자가 있는지 없는지 통 분간이 안 간다.

우리는 어떠한가.

책상이 놓인 곳이면 으레 회전의자, 등받이가 머리 위로 넉넉하게 올라간 그런 탄력 좋은 검정 의자가 따라 붙게 마련이다.

나는 내 사무소 직원들과 똑같은 의자를 사용한다.

의자가 높다고 의자가 화려하다고 그 사람을 돋우보아 주겠는가.

인간은 조물주가 똑같이 빚었다. 생을 공평하게 살아가도록 만들었다.

가만히 눈감고 우주의 원리나 인생의 보편적인 길을 관조해 보라. 누가 나으며 누가 못한 것인가.

인생의 진정한 가치를 자숙하며 생각하고 그 여정을 뚜벅뚜벅 걸어가야 한다.

「논어」에 보면 어떤 사람이 공자에게 "그곳은 누추하니 어찌하시렵니까."라고 묻자 공자는 "군자가 거주한다면 무슨 누추함이 있겠느냐."라고 대답하였다. 또 공자는 이런 말씀을 남겼다. "날씨가 추워진 뒤에야 소나무와 잣나무가 뒤늦게 시들음을 알 수 있는 것이다."라는 말씀이다. 새겨봄직한 구절이다.

미국대통령의 고전적인 의자가 새삼 우리를 눈 뜨게 한다.

물질이면 다 통하는 시대에 임하면서 한 인간으로서 혹여 인생을 잘못짚어 가고 있지 않나 한번 돌아보고 싶다.

지금 행복하십니까

"지금 행복하십니까."
"뭐가 행복해요, 죽지 못해 사는 거지요."
"그럼요, 저같이 복이 많은 사람 또 있을까요."

우리는 과연 어느 대답에 선뜻 자신 있게 손을 들 수 있을까.
이러하듯 사람은 자신이나 자신의 가족, 사회에서 주변에서 쉬임없이 일어나는 일에 대하여 냉철한 가슴으로 생각하지 못하고 현재의 위치나 환경을 탓하며 거개 불만족 불행으로 접어 버리는 것이 상례이다.
또 개중에는 현재의 상황에 흡족해 하지 않고 조금 더 큰 행복과 만족의 유토피아 동산을 향하여 부단히 애쓰고 새로운 무엇에 대하여 연거푸 부리로 쪼아 보며 도전하는 이들도 있다.
흔히 넉넉하지 못한 데서 오는, 불행이라고 생각하는 주원인 주범이 바로 '돈'인데 돈에 대한 가장 평범하면서도 비범한 기준과 가치는 남한테 아쉬운 소리 안하고 돈을 꾸어 쓸 입장이 아니면 되는 것이다.
목숨과 영어(囹圄)를 각오하면서까지 돈을 탈취하는 경우도 최근 부쩍 늘었다.
생활의 수단인 돈이란 것이 많으면 좋을 듯하다.
유산을 많이 받아서, 갑자기 도로가 나서 등으로 부자가 되었다가도 경험도 없이 주위의 꾐에 빠져 하루아침의 영화로 끝나는 것을 우리는 많이 보아 오고 있다.

자기의 재화財貨가 평범한 위치에 있다면 자신보다 못한 처지에서도 용기를 잃지 않고 살아가는 사람들을 생각하며 사는 지혜가 필요하다.

19C 러시아의 문호文豪 도스토예프스키는 "돈은 비둘기와 같다. 날아 왔는가 하면 곧 날아가 버린다."라고 했다.

금전적으로 넉넉지 못하다고 해서, 자신이 갖고 싶은 것을 사지 못한 다고 해서 그 점으로 행복과 불행의 잣대질을 해서는 안 된다.

「출세」라고 하는 「명예」에 대하여 같이 짚어보자.

자신이 농사꾼으로 노점상으로 품팔이 노동으로 살고 있는 것에 대하여 불만, 불행, 슬픔을 깊게 느끼며 사는 것을 토로하는 사람도 많다.

인간의 속성상 국회의원이 되고, 고급공무원이 되어 명예와 돈을 한꺼번에 거머쥔 사람이 되고 싶다. 이러한 사람들을 우상처럼 쳐다보는 사람도 많다.

영국의 다이애나 비, 미국이 재클린케네디 오나시스 여사, 괌 비행기 참사 국회의원 등 얼마나 그 마지막 순간이 비참했는가.

한국 최대 재벌의 아들이 죽어 1톤 봉고트럭에 짐짝이 되어 시골 산 짜구니에 버려졌다. 인기 코미디언이며 전국회의원인 모씨의 외아들의 죽음과 그의 비통……

자기의 오늘이 시틋하다 하더라도 옷깃을 여미며 이를 받아들이고 자신의 울타리 안에서 내 방식, 나름대로의 행복추구에 전념한다면 '명예'가 욕심에서 비롯한 것이라는 것을 깨닫고 털고 일어날 수가 있다.

자신이 세상에 한 입자粒子로 나서 무엇이 되어 무엇이 되려고 살고 있는가 보다는 어떻게 살고 있는가로 기울어져 사는 것이 마음 편안한 것이다.

전에 서울대학교를 졸업한 아홉 명이 출가탈속^{出家脫俗}하고 입산하여 승려로 떠난 이유는 무엇인가.

보통 이를 잘못 볼 수도 있지만 그들은 진지하고 뼈를 깎는 고뇌에서 얻은 결론, 즉 인생의 참된 삶을 구도^{求道}에서 찾기로 입술을 깨문 것이다. 그리고 허허 웃어버린 것이다.

필자가 어릴 때 겨울방학을 이용하여 외갓집 가는 산골에서 눈이 하얗게 쌓인 초가지붕과 늦아침 연기가 굴뚝을 타고 찬 하늘로 흩어지는 것을 보았다. 돌담길로 지나자니 청국장 끓이는 냄새가 이내 구수하였다. "저렇게 남봄에 초라하게 살지만 그들대로의 행복은 저 속에서도 피어나고 있겠지. 오무래 조무래, 밤중엔 호얏불도 전설처럼 아슬하겠지."

가난한 자와 부자, 귀한 자와 천한 자, 도회인과 민서^{民庶}의 생활은 마음의 눈금에 따라서 동전의 양면과 같이 뒤집힐 수 있는 것이다.

아름다운 희망과 긍정적인 생활습관이 곧 행복의 길이다.

몽떼뉴는 「수상록」에서 "가장 아름다운 생활이란 보통 사람으로서 모범에 따른 생활을 하는 것이며, 그것은 질서가 서 있으면서도 기적을 바라지 않으며 자연스럽게 생활하는 것이다."라고 했다.

메밀, 감자, 고구마, 아카시아 꽃, 쑥 같은 구황식물^{救荒植物}로 질곡^{桎梏}울 헤치고 살던 부모님의 위대하신 그늘에서 크던 날이 눈물겹도록 그리워질 뿐이다.

땅에다 소망 한 포기 모종하고 피땀으로 물주시던 소박한 생이여!

행사에서

축사
환영사
권두언 1
권두언 2
주례사

축사
― 신경림 시인 시비「목계장터」제막식

　오늘의 주인공이신 신경림 시인님, 이 자리에 나오신 충주시장님, 본 시비 제막을 위하여 물심양면으로 애쓰신 본 행사 회장님, 이 자리를 빛내기 위하여 참석하신 귀빈, 신사숙녀 여러분 반갑습니다.
　오늘 우리 고장 노은면 출신이신 신경림 시인님의「목계장터」시비 제막을 저희 충주문인협회 회원들과 함께 가슴으로 축하드립니다.
　목계 나룻배, 목계장터는 지금은 역사 속으로 숨어버렸습니다만 특히 이곳 인근 사람들에게는 성장기에 정신적으로 많은 영향을 끼친 곳이기도 합니다. 저 역시 엄정면 논강리 출신이기 때문에 집에서 오리밖에 안되는 이 목계강물을 즐기던 추억이 아련합니다.
　이 남한강 강가에 서던 목계장터에서 인연이 된 인간의 삶의 진실과 애환을 내재한 우리 신경림 시인님의 시「목계장터」야 말로 이분의 시「농무」,「갈대」등과 같이 대표작이라고 할 수 있습니다.
　시「목계장터」는 시인님이 이곳 노은면 시골 출신이시고 고향을 사랑하는 끔찍한 애향심이 있었기에 지을 수 있는 훌륭한 시입니다.
　시인님이 고향인 노은면 보련산에 올라 그곳 정상 평원에 핀 갈대를 보고 쓰신 시「갈대」를 저는 감명 깊게 읽은 기억이 납니다. "언제부턴가 갈대는 속으로 조용히 울고 있었다…"로 시작되는 시인님이 20대

초에 쓰신 이 시는 자연의 경이로움을 인간의 삶과 일체화 시키고 있습니다.

　조선일보 7.3자에 실린 신경림 시인님의 「뿔」이라는 신작 시집 기사를 보았습니다. 이 시집에서 "시는 어차피 이상주의자의 길에 피는 꽃이다. 요즈음 시들은 대개 독자의 기호에 영합한 말의 난장판에 불과하다. 너무 쉽게 함부로 억지로 시를 만들기 때문에 자연스러움과 절규성과 큰 울림을 놓친다."라고 하셨습니다.

　제 생각에도 요즈음 홍수처럼 쏟아져 나오는 시집들을 대하면 얄팍한 상념의 희롱이나 단어의 짜깁기를 한 것이 많습니다. 영혼이 숨 쉬는 생명력 있는 시, 맹아적 힘이 함축된 철학이 있는 시를 쓰고, 자기 작품에 대하여 책임을 지는 시인의 자세가 필요하다고 생각해봅니다.

　충주체육관 앞에 세워진 서번 박재륜 시인님의 「남한강」 시비를 비롯하여 오늘 세워지는 우리 신경림 시인님의 「목계장터」 시비 제막을 다시 한 번 축하드리며 우리 국민들의 정신적 갈증을 풀어주는 시를 오래도록 써 주시리라 믿습니다.

　시 「목계장터」가 목계장터를 다녀간, 지금은 옛사람이 되어버린 그리운 이들의 영혼 속에 영원히 나부끼리라 믿습니다.

　대단히 고맙습니다.

환영사
— 충주 사과백일장

안녕들하세요, 한국문인협회 충주지부장입니다.

바쁘신 중에도 이 자리에 참석해주신 시장님, 충주시 농업정택 관계자 여러분, 내외귀빈 여러분 고맙습니다.

특히 묵묵히 농사일에만 열중하시는 영농인 여러분 존경합니다.

또한 오늘 열리는 「사과백일장」에 참여하시는 문학지망생 여러분을 고운 비단을 깔고 환영합니다.

백로가 지나 불타던 태양도 힘을 잃어가고 오곡백과가 서로 색깔을 시샘하는 소슬바람 이는 이 계절이 얼마나 아름답습니까.

우리고장은 옛 부터 대구와 더불어 맛깔 좋은 사과 생산지로 유명합니다. 향그러운 사과하면 뭐니뭐니해도 우리고장 충주사과가 제일이라고 생각합니다.

오늘 「사과백일장」은 사과를 문학적 기법으로 접목시켜서 국내외 널리 홍보하는데 있다고 봅니다. 그러므로 백일장에 참여하신 여러분은 사과의 전령사의 역할을 분담하고 있다고 생각합니다.

산문 즉 수필은 작은 그릇 속에 알찬 내용을 가득 담아야 합니다.

문학성과 예술성을 충분히 담아내는 작품을 창조해야 합니다. 군더더기를 떨어내버린 간결과 압축, 절제의 미학이 돋보이는 산뜻하고 향기 나는 작품이어야 높은 점수를 받을 수 있습니다.

영국의 매슈 아널드의 말을 빌리면 "시는 인간의 가장 완벽한 발언이다"라고 하였습니다. 또 「논어 이씨편」에 보면 "시를 공부하지 않고서는 말할 것이 없다."라고 하였습니다.

이처럼 시는 인간에게 있어서 인간 그 자체입니다. 그러므로 현대시의 언어는 소극적인 관념의 유희나 언어의 희롱만으로는 창조될 수 없는 보다 엄격하고 생명적인 것이어야 합니다. 또한 시는 생략과 압축, 간결성, 적정한 수준의 모호성이 요구됩니다. 모름지기 시는 독자에게 치명적인 감탄을 주어야 합니다.

당송 8대가의 한 사람인 구양수는 처음에 쓴 원고를 벽에다 붙여 놓고 드나들 때마다 수시로 고치고 다듬었다 합니다.

중국의 백낙천, 「적벽부」를 쓴 소동파 이런 이들도 마찬가지였습니다.

이씨 조선 선조 때 대제학이었던 청련 이후백은 "세 시렁 넘는 글을 읽고 원고지를 태운 재가 한 말은 되어야 비로소 글을 쓸 줄 안다고 말할 수 있다."라고 하였습니다.

모쪼록 오늘 「사과백일장」 글짓기 대회가 여러분이 출중한 문인이 되는 문학 정거장이 되길 기대해 봅니다.

붉게 타던 저녁노을 이우는 늦가을 하늘을 날아가는 기러기떼의 모습과 같은 멋스러운 글을 써주시리라 믿어 의심치 않습니다.

고맙습니다.

권두언 1
－「충주문학」제 20집을 내며

    천학비재한 제가 충주문단의 대표적 모임인 충주문협 지부장을 맡게 되어 상당한 부담을 안고 본직을 수행하여 왔습니다.
    그러나 그간 본 문단을 이끌어 오신 역대 지부장 원로분들과 회원님들의 적극적인 협조와 격려에 용기를 얻어 나름대로 열심히 하려하였습니다만 스스로 생각해 보아도 부족한 점이 많고 능력이 모자라는 것 같으니 주마가편을 바랍니다.
    금년에는 연초 부터 추진해온 서번 박재륜 선생의 특집을 엮는 대사업이 대과없이 마무리되어 매우 감사하게 생각하고 있습니다.
    특히 이번「충주문학」지는 스무 번째의 문집으로서 우리 충주 문단의 역사를 그대로 실증하는 고귀한 문집이라고 생각합니다. 회원님들의 창작에 대한 열정과 일사불란한 회심과 애정의 산물이라고 생각해 봅니다.
    「충주문학」지는 1983. 2. 10 창간호를 발간하여 두 십년이 되었으니 이는 실로 여러분들의 호흡과 땀이 흠뻑 배어난 보석 같은 역사의 길이요 흔적이라고 생각합니다.
    금년에는 문협의 연례 백일장 외에도 문화제에 따른 잠정적 문학행사가 곁들여 여러분들의 노고가 훨씬 더 컸던 한 해였습니다.

어느 단체나 모임보다도 우리 회원님들은 지금까지 보여주신 정성을 면면이 이어나가 충주에서 가장 모범적이고 단합된 모임의 일원으로 거듭나길 기대해 봅니다.

회원님들, 더욱 문학에 정진하여서 우리 문집이 전국 어디에 내어 놓아도 가장 감명 깊고 자존심이 넘치는 수작의 집대성이 될 수 있도록 탁마하여 주시고, 우리 모임에 끝까지 남아 날로 견고해지는 충주문협이 되게 하여 주시길 빕니다.

백구과극의 인생살이이지만 분명 문인의 길은 의미 있는 그 한 페이지인 것입니다.

부디 밖으로는 지조로운 문인, 안으로는 서로 화합하고 결속하는 충주문협인이 되어 주실 것을 간곡히 부탁드립니다.

빛나는 문집이 나오기까지 조언을 아끼지 않으신 회원님들께 심심한 사의를 표합니다.

2002. 9.

권두언 2
— 「충주문학」 제 21집에 즈음하여

　존경하는 우리 한국문인협회 충주지부 회원 여러분,
　우리 문학지도 성년을 넘어 완숙한 청년기에 접어들었습니다.
　우리 문학지가 이렇게 도도히 성장하게 된 것은 우리 원로회원들의 고매한 문학사랑과 경건함이 있었기에 가능하였습니다. 이를 계승한 우리 회원들의 내재적 열정과 사랑 그리고 전통적 가치의 소중성에서 오는 지조 있는 서정이 뒷받침이 되었습니다.
　우리 「충주문학」은 충주에서 유일한 문학의 원류요 지주인 한국문인협회 충주지부를 구성하고 있는 회원들의 원숙한 문학적 자질과 맥박 그리고 개화에서 그 가치와 현실성을 지닌다고 하겠습니다.
　이렇게 「충주문학」으로 상징되어지는 우리 회원들은 더욱 정진하여 전능하신 하늘신의 불길이 내 몸을 태우도록 진실을 바쳐야 합니다.
　남의 안경을 빌려 쓰지 않고 대자연의 섭리와 문학인으로서의 영혼의 호흡이 일치될 때 더 진지한 삶의 탐구는 이루어지는 것입니다.
　쇼펜하우어는 "예술가가 예술을 창조하고 있는 순간은 하나의 종교이다. 경건한 마음과 열정에 불타고 있기 때문이다."라고 말했듯이 문인이란 일회성의 인생에 대한 애환의 깊이를 찾아 헤매는 것입니다.
　정치판의 부정의의 연속, 사회의 부조리의 만연-개탄을 금치 못할 고리의 현실입니다. 젊은이들은 소위 「4S(sex, sports, screen, speed)」의 황홀한 탐닉으로 인생의 진지함을 무너뜨리고 있습니다. 이에 따른 불신과 허망의 현상성은 부인할 수 없습니다. 이렇게 우리네가 찾아야할 심연과 고귀한 향연은 무관심이 되고 있습니다.

우리 문학도 이런 현실의 직격탄에서 부인될 수는 없습니다. 문학이 도외시 백안시되는 것은 민족의 장래와도 무관하지 않습니다.

이러한 때일수록 우리 회원들은 더욱 힘써 갈고 닦아 단절 없는 문학이라는 예봉과 정의로써 먼지 나는 사회에 감로수를 뿌려야 할 것입니다. 이는 양식적 소명이며 또한 문학적 감화는 곧바로 인생에 대한 감동이요 계도의 소이이기 때문입니다.

다시 한 번 우리 회원들과 함께 우리 「충주문학 제 21집」 간행을 자축합니다.

2003. 9.

주례사

여러 가지로 부족한 제가 이 엄숙하고 영광된 자리에서 혼례식을 맡아서 진행하게 되어 송구하기 그지없습니다.

쌀쌀해지는 날씨에 두 분 젊은이의 성혼을 빛내주기 위해서 만장하신 하객 여러분께 양가를 대신해서 심심한 감사의 인사를 올립니다.

신랑 아버님은 저와 한마을에서 자라 초등학교를 같이 다닌 죽마고우입니다. 보릿고개를 타박타박 같이 울고 넘으며 코흘리개 시절을 함께 뛰놀며 보냈는데 벌써 흰머리가 성성하여 오늘 이렇게 며느님을 보게 되고 친구인 저는 주례를 맡게 되니 참으로 감개무량하고 만감이 교차합니다.

신랑 아버님은 고향 중고등학교서 계속 봉직하다가 퇴직하여 지금은 낙농, 과수 영농을 하면서 묵묵히 고향을 지키고 있습니다.

오늘 설레는 가슴으로 신부를 맞이하게 된 신랑 이군은 내 친구의 4남 3녀 중 장남으로 태어나 서울 일류대학교를 나와 현재 유명회사에 근무하고 있습니다. 이군은 부모님 말씀에 순종하면서 건실하게 성장하였습니다. 보시다시피 아주 잘생긴 모습에다 온유한 성품으로 요즈음 보기 드문 모범적 청년으로 주위 사람들의 칭찬이 자자한 장래가 촉망되는 사내입니다.

또한 사업가의 여식되는 신부 홍양은 네 자매 중 맏이로서 명문대학을 졸업하고 현재 연구기관에서 근무하고 있습니다. 부모님 밑에서 엄격하면서도 자상한 주부수업을 받아 어디 내 놓아도 조금도 손색이 없는 현명하고 아름답기 그지없는 여성입니다.

　사람은 한세상을 사는 동안 가장 감격스러운 일을 세 번 맞게 됩니다. 그 하나는 아버지로부터 뼈와 정기를 받고 어머니로부터 피와 살을 받아 세상에 태어나는 것이요, 또 하나는 한 남녀를 만나 부부의 인연을 맺는 결혼을 하는 것이요, 그리고 부모가 되어 부모에게서 자신이 태어났듯이 자신들이 다시 한 생명을 세상에 창조하는 일입니다. 그러므로 신랑신부에게는 지금 이 순간순간이야말로 그 어느 대사와도 교환될 수 없는 가슴 두근거리는 소중한 역사적 순간입니다.

　부부로서 출발하는 순간부터 일생동안 부부지간에 지킬 일이란 많고도 많습니다만 그중 한두 가지만 당부 드립니다.

　그 첫째는 뭐니뭐니해도 사랑입니다.

　사랑은 인간 본연의 훈훈한 정을 의미합니다. 금실 좋은 사랑은 오두막집도 황금의 궁전으로 만들 수 있습니다.

　두 번째로 서로의 사람됨을 믿고 의지하여야 합니다.

　결혼은 하나의 인간관계입니다. 그러므로 상호 신뢰하는 가운데 인생이란 조각배를 타고 거친 파도를 함께 헤쳐나가야 합니다. 그리고 소중한 인격체로서 서로를 존중하여야 합니다.

　서로의 자아를 손상시키지 않고 늘 상대방을 배려하여야 합니다.

　결혼은 다른 말로 이룰성자 사람인자 성인이라고 합니다.

　비로소 어른이 된다는 말처럼 어른스럽게 서로 정중하게 예를 다하는 마음가짐이 긴요합니다.

　어느 인류탐험가가 아프리카 원주민들과 며칠 생활하다가 그곳을 떠나게 되자 그 원주민들이 손을 잡고 눈물을 흘리면서 "이렇게 행복한 이곳에서 못살고 떠나시다니 당신이 정말 불쌍하오."라고 말하더랍니다. 그렇듯 행복이란 자기 안에 있는 것입니다. 행복이란 요리는 부부가 마음 합쳐 만들어 낼 때 그 맛과 향기가 절정에 이릅니다.

　요컨대 결혼이란 사람 사이에 맺어지는 일종의 계약입니다. 그러므로 부부는 정조의 의무, 동거의 의무, 협조의 의무, 서로 부양할 의무를 다하여야 합니다.

　오늘 어른이 된 신랑 신부는 부디 양가 어른들께 지성으로 효도하고 형제간에 우애 있게 지내면서 자손 번창하고 커다란 복록을 누리는 약속의 땅을 일구어 내시길 간곡히 축원 드립니다.

2004. 11. 21.

서 찰

뵈옵고 싶은 L 형님

뵈웁고 싶은 L 형님

「설대舌對」라고 시작되는 형님의 혜서 접하고 붉은 눈물을 목줄금으로 흘려보냈습니다.

형님과 저는 양친을 여의어 천붕지탁天崩地坼의 애별리고哀別離苦를 아직도 겪고 있으니 고애자孤哀子의 간절한 사연을 필설로 다 할 수 있겠습니까.

외아들로 나시어 애지중지한 사랑 한번 못 받아 보시고 엄격하신 아저씨의 불호령을 안으로 삭이시면서 그래도 아주머니의 각별하신 인자仁慈에 힘을 얻어 한학을 수학하시느라 질경이 다부룩한 지슴길 돌부리 차며 강달고개를 넘나드셔 놀랍게도 이십대에 향리의 또래들에게 훈장의 위位에 서 계시면서 건너 초당서방草堂書房에서 글을 읽어 주시던 낭랑한 훈성訓聲이 지금도 흘러나오는 듯합니다.

조이등불 아래 아주머니와 마주 앉아 고사리 손으로 두부콩을 맷돌질하시며 은한銀漢의 밤을 꾸벅이시던 날들의 희미한 그림자가 눈에 보이는 듯합니다.

아주머니는 엄동설한에 나무 함지에 두부며 송편이며 언 손으로 빚어 이시고 시골 이집저집 문전을 백내장 어둔 눈으로 칼바람에 넘어지며 헤매이시던 모습이 세월 속에서 어른입니다.

사서오경을 횡하니 독파하신 형님, 형님은 아마 옛날의 그 과거제도

가 지행持行되었더라면 필경 장원급제 하시어 어사화御賜花를 두정에 꽂으시고 새납소리 울리며 마부시복馬夫侍僕 줄지어 거느리고 환향하시면 산천초목도 일제히 일어나서 조아리며 홍춤을 출 것이 너무나 선명하였습니다.

　형님의 그 회한이야 고산故山 하늘에 떠도는 편운片雲이나 알지 그 누구 알 이 있겠습니까.

　댁에 익는 항아리 가양농주가 동이 날 때까지 초부로서 지게 목발 들낙이며 이백李白처럼 취하시던 형님 속내를 시골고라리들이 어찌 헤아릴 수 있었겠습니까.

　신문학에 심취되어 저희 집 신간은 모두 섭렵하여 시대를 뛰어 넘던 형님, 그 온화하시고 자비自卑를 궁행하시매 저희 혈형血兄보다도 더 우러렀음은 당연한 소이所以었습니다.

　객창에서 장래를 다짐하면서 부모님께 소망 한 포기 심어드리는 글월을 올리던 제가 산산이 부서져 그만 그분들 가슴을 천근만근의 무쇠뭉치로 누르고 말았습니다.

　자연의 진리에 순응하시며 자연으로 살다 정든 고향집과 악수하고 영원 살이 떠나신 부모님 분명 두 분은 혁명가요 의지의 화신이셨습니다.

　제가 문인입네 시를 쓰면서 고향, 농촌, 바람, 달과 별, 사계, 산천경개 그리고 양친에 대한 추억으로 일관하고 있음은 모두가 저의 불효 탓입니다. 제겐 그저 운명이 되고 말았습니다.

　다른 시인들처럼 일탈逸脫하여 현실과 타협하면서 시대상황에 영합하여 시를 쓰고 싶어 여러 번 웅크려 보았으나 다 수포로 돌아가고 결국은 다시 부모님이 가꾸시던 고향집으로 회귀하고 말았습니다.

　여명黎明에 찬이슬 헤치고 맞으시며 산너메 사래긴 밭을 헤매시다가 금의공자金衣公子 노래 소리에 놀라서 해가 중천 걸음을 할 무렵에야 하얗게 핀 입시울로 삽작거리에 호밋자루 떨구시고 젖은 몸빼를 터시며 마루 끝에 덜썩 몸을 맡기시던 어머니, 봉평 대화장까지 첫 닭울음 찬 하늘로 지자마자 수백리를 걸어 소 팔러 가시던 아버지- 그 순박과 고매高邁의 인생 그저 갈라진 이 가슴에 소금을 뿌립니다.

　석탄 문은 허름한 중외적삼 차림으로 쓰르래미 소리와 함께 담배건 조실 모퉁이 맴도시던 아버지 모습이 희끗희끗합니다. 무더운 한여름 지나고 나면 몇 해씩 늙어 계시던 아버지의 절망 가득 찬 어두운 모습- 비수匕首가 폐부를 찌릅니다.

　제가 모래알을 씹으면서 논문을 완결하고 시를 쓰면서 사는 이 모든 것이 양친에게 지은 죄업을 조금이라도 씻어보고 그분들을 위하여 지노귀새남을 올려드리는 뜻일 뿐입니다.

　저의 작은 삶의 잡기장을 똘똘 말아 쥐고 망각의 강-플라톤이 말한 그 강을 건너가 역사 앞에 서는 날까지 두 분의 혼백을 진위鎭慰 해드리는 것이 이승에서 저의 마지막 책무이기도 합니다.

　제 노랫말 「사모곡」이 해금解禁된 남한의 스무 곡 중 하나로 북녘 민초들에게 유행되고 있다니— 아, 낙골落骨이 되신 어머니 아시는지 모르시는지… 제 가슴은 차운 재가 되었습니다.

　형님, 우리 아저씨 아주머니 저의 양친 모두 세상 시름 걷우시고 천상계天上界 서방정토西方淨土에서 상생常生하기실 비십시다.

　형님이 쌈짓돈 클러 보내주신 상재금上梓金 긴요하게 쓰겠습니다.

　두서없이 올린 글월 고읍게 봐주시고 형님 내외분 부디 강안하시길 충심衷心으로 기원합니다.

2004 갑신 12. 20.
향리 충주에서 제 덕상 올림

제3문집 — 시·수필

꿈

이덕상

발 행 일 | 2017년 1월 16일
지 은 이 | 이덕상
발 행 인 | 李憲錫
발 행 처 | 오늘의문학사
출판등록 | 제55호(1993년 6월 23일)
주   소 | 대전광역시 동구 대전로867번길 52 (한밭오피스텔 401호)
전화번호 | (042)624-2980
팩시밀리 | (042)628-2983
전자우편 | hs2980@hanmail.net
다음카페 | cafe.daum.net/gljang (문학사랑 글짱들)
다음카페 | cafe.daum.net/art-i-ma (아트매거진 아띠마)

공 급 처 | 한국출판협동조합
주문전화 | (070)7119-1752
팩시밀리 | (031)944-8234~6

ISBN 978-89-5669-796-3
값 12,000원

ⓒ이덕상.2017

* 이 책은 ㈜교보문고에서 E-Book(전자책)으로 제작하여 판매합니다.
* 잘못 제작된 책은 바꾸어 드립니다.